# 新时代中国财税体制改革与展望

马海涛 等 ◎ 著

The Outlook for the Fiscal Reform
of China in the New Era

人民出版社

# 目　　录

# 前　言

建党百年以来,我国取得了举世瞩目的成就。在经济建设和社会发展的过程中,财政作为国家治理的基础,发挥了巨大作用。在即将迎来党的二十大这一伟大的历史时刻,我们希望对党的十八大以来的财政制度进行总结,在历史经验的基础上,展望新发展阶段下我国现代财政体系建设。

本书分为七章,第一章论述财政为何是国家治理的基础和重要支柱;第二章论述现代财政制度的内核以及如何建设现代财政制度;第三章至第五章分别介绍我国财政制度改革、预算管理制度改革、税收制度改革;第六章总结党的十八大以来我国财税制度改革的亮点;第七章展望新发展阶段下我国财税体系面临的挑战,以及如何进一步深化财税体系改革来推动经济高质量发展。

国家统计局日前发布的数据显示,2021年我国经济总量超过110万亿元,占全球GDP的比重继续提高,人均国内生产总值超过1.2万美元,接近世界银行的高收入国家门槛。具体来看,我国人均国内生产总值超过8万元,按年均汇率折算为12551美元,虽然尚未达到高收入国家人均水平的下限,但逐年接近。我国已经超过了世界人均GDP水平,初步测算,2021年世界人均GDP是1.21万美元左右,我们人均GDP是1.25万美元。作为一个人口大国,我国人均GDP超过世界平均水平殊为不易;同时其尚未达到高收入国家人均水平,表明我们在建设社会主义现代化强国的新征程上依然任重道远。当前,面临百年未有之大变局,我国面临的国内外财政经济形势都在发生深刻变革。从国际来看,新冠肺炎疫情形势严峻,全球经济低迷不振;就国内来看,

"五位一体"的总体布局要求我们在新发展阶段将经济发展、"双碳"目标与生态文明建设、共同富裕、数字经济与创新等问题实现更高水平的统筹。在这种情况下,财政唯有"心怀国之大者",以政领财,以财辅政,才能守正创新,不断推进财政经济在新发展阶段实现更高质量的发展。

本书参与作者包括:马海涛、白彦锋、陈宇、姜爱华、项君怡、卢真、张明昂、孙鲲鹏、彭章。全书的构思与审阅工作由马海涛和白彦锋完成,第一章的执笔人为陈宇,评议人为姜爱华;第二章的执笔人为姜爱华,评议人为项君怡;第三章的执笔人为项君怡,评议人为卢真;第四章的执笔人为卢真,评议人为张明昂;第五章的执笔人为张明昂,评议人为孙鲲鹏;第六章的执笔人为孙鲲鹏,评议人为彭章;第七章的执笔人为彭章,评议人为陈宇。

感谢人民出版社孟雪编辑为本书顺利出版给予的支持。也希望业界同仁和广大读者朋友们对本书的不足之处给予批评指正!

编　者

2022 年 2 月

# 第一章　财政是国家治理的基础和
　　　　重要支柱

　　党的十八届三中全会通过的《中共中央关于全面深化改革若干重大问题的决定》(以下简称《决定》)中关于财税体制改革部分提出:"财政是国家治理的基础和重要支柱",将财税体制改革提升到"完善和发展中国特色社会主义制度,推进国家治理体系和治理能力现代化"的战略高度。财政乃"国之命脉、万世之本",为国家治理发挥基础性作用,国家治理为财政提供持续发展与精进改革的空间,二者密不可分。实现民族复兴和大国崛起,必须有现代化的大国治理框架和科学的财政体制。本章共有三节,其中第一节系统论述国家治理的内涵,进而提出中国国家治理的特色;第二节以国家治理结构的发展为背景,探讨现代财政改革的问题与路径;第三节重点探讨财政在国家治理中如何发挥基础性作用。通过这些内容阐述了国家治理与财政的关系,为后续章节的具体论述提供理论基础。

## 第一节　什么是国家治理

　　2013 年党的十八届三中全会在研究全面深化改革重要问题时指出,"全面深化改革的总目标是完善和发展中国特色社会主义制度,推进国家治理体系和治理能力现代化"。时隔六年,2019 年党的十九届四中全会再次强调了国家治理的重要性,提出"坚持和完善中国特色社会主义制度、推进国家治理体系和治理能力现代化,是全党的一项重大战略任务"。我国将推进国家治理能力现代化作为深化改革的总目标,并将其提升至战略层面,足以体现我国对国家治理的重视程度。

## 一、国家治理的内涵

要想探索推进国家治理体系和治理能力的现代化道路,首先就必须对什么是国家治理有清晰的认知。国家治理具有极其丰富的内涵,各国可以根据国情对其作出各具特色的理解。

(一)治理的内涵

"国家治理"从"治理"一词延伸和演绎而来。"治理"源于国外,其英文是"Governance"。20世纪90年代,在西方学术界,特别是经济学、政治学和管理学领域,"治理"一词十分流行。在现有研究当中,"治理"拥有多种解释,英国学者罗茨(Rhodes)从最小国家、公司管理、新公共管理、善治、社会—控制论体系、自组织网络六个范围归纳了六种定义。全球治理委员会(Commission on Global Government,1995)将"治理"定义为各种公共或私人的机构和个人管理其共同事务的诸多方式的总和。我国著名学者俞可平(2015)对治理的理解为官方的或民间的组织在一个既定的范围内运用公共权威维持社会秩序、满足公众的需要。

西方政治学家和管理学家之所以提出"治理"概念,主张用它替代统治,是因为他们在社会资源的配置中既看到了市场缺陷,又看到了政府失灵。[1]从字面上来看,"治理"和"统治"貌似差别不大,但二者实际含义却大有不同,区分其概念是正确理解治理定义的前提。

"治理"和"统治"的共同之处在于二者都需要权力和权威来维持社会秩序的稳定。不同之处大致有四种,简要概括如下:首先,统治的权威必定是政府,其主体必然是社会公共机构,但治理的权威未必来自政府,其主体可以是公共机构,也可以是私人机构,抑或两者的组合。治理是比统治更宽泛的概

---

[1] 孙文平、朱为群、曾军平:《现代国家治理理论研究综述》,《地方财政研究》2015年第7期。

念,若要社会在安定有序的环境下实现高质量发展,可以不依靠政府统治,但必须依靠有效的治理。其次,统治是一个"自上而下"的管理过程,它通过政府的政治权威发号施令、制定和实施政策,而治理是一个"上下互动"的管理过程,各个主体之间可以实现平等互动,通过合作、协商等方式共同管理公共事务。再次,统治的范围限于政府所处的领土,若超越一国范围就会构成对其他国家主权的侵犯,迄今为止还没有凌驾于世界各个主权国家的世界政府,而治理的范围可以延伸到世界各个国家,治理的主体可以是政府也可以是非政府组织。最后,统治的权威源于政府的强制命令,具体表现为各种法律规范和惩罚机制,治理一般建立于社会共识之上,通过公众自愿的方式发挥效用。[①]

从狭义的角度来看,"治理"限于政治科学和行政学领域,从广义的角度来看,"治理"也可以超出政治领域,在社会科学的诸多领域发挥其作用。

根据我国治理实践,治理被看作是"治国理政"。党的十九届四中全会将国家治理体系和治理能力现代化水平作为政治稳定、经济发展、文化繁荣、民族团结、人民幸福、社会安宁、国家统一的有力保障,我国治理的范围涵盖经济建设、政治建设、文化建设、社会建设和生态文明建设,包含全面建设社会主义现代化国家、全面深化改革、全面依法治国和全面从严治党"四个全面"战略布局,是一个复杂的系统。[②] 因此,从这个角度看,我国的国家治理应属于广义范畴的治理。

**(二)国家的内涵**

另外一个需要区分的概念就是国家治理中的"国家"究竟指什么,是治理的主体还是领域范围。从上述论述和我国的实践来看,应当是兼而有之的。我国的国家治理既指国家以及所有与现代国家相关的宏大领域,也是指国家在社会治理中发挥的主体性作用。[③] 一般认为国家治理的主体为"执政者"。

---

① 俞可平:《论国家治理现代化》,社会科学文献出版社 2015 年版,第 24—26 页。

② 杨开峰、邢小宇、刘卿斐、魏夏楠:《我国治理研究的反思(2007—2018):概念、理论与方法》,《行政论坛》2021 年第 1 期。

③ 李修科:《国家治理中的"国家":场域抑或主体》,《国家治理现代化研究》,中国社会科学出版社 2019 年版,第 70 页。

在现代政治中,执政者往往不止一个,而是由能力卓越的精英团队组成,即"执政党"。① 中国的国家治理是作为执政党的中国共产党对政治发展和制度建设的探索,党的领导是国家治理现代化的重要基石,只有坚持党的领导才能为国家治理现代化提供政治保证。

(三)国家治理的中国内涵

完善国家治理是世界各国的一致追求,而制度、路径选择却各有不同。中国的国家治理理论与西方治理理论存在相容性但有所区别。中国取得的经济发展成绩或"世界奇迹",已经证明了中国治理是成功的模式。

中国的国家治理有着明确的方向,即走中国特色社会主义道路。在中国共产党领导下,立足基本国情,以经济建设为中心,坚持四项基本原则,坚持改革开放,解放和发展社会生产力。坚持党的领导、人民当家作主、依法治国有机统一,坚持解放思想、实事求是,坚持改革创新,突出坚持和完善支撑中国特色社会主义制度的根本制度、基本制度、重要制度,着力固根基、扬优势、补短板、强弱项,构建系统完备、科学规范、运行有效的制度体系,加强系统治理、依法治理、综合治理、源头治理,把我国制度优势更好转化为国家治理效能,为实现中华民族伟大复兴的中国梦提供了有力保证。

中国的国家治理包含了法治、多元、民主等现代化因素,更加适应我国的基本国情。我国高度重视运用法治思维和法治方式,完善党内法规体系,健全法律制度,为推进国家治理体系和治理能力现代化保驾护航。中国国家治理涉及诸多领域,治理主体也不限于政府,而是多元利益主体,党的十八届三中全会强调多元参与只是治理的其中一种形式,不同领域应当差别对待,不必建立完全均等的多元关系。在民主方面,中国人民政治协商会议作为国家治理体系的重要组成部分,充分发挥着民主监督的作用,具有鲜明的中国特色。我国通过民众参与、民意调查、媒体监督等方式让治理更加透明化,提升国家治理能力。

---

① 燕继荣:《国家治理及其改革》,北京大学出版社 2015 年版,第 38 页。

## 二、新中国成立以来国家治理的发展

我国的国家治理体系建设并非一蹴而就,新中国成立后,中国共产党经过70多年的艰辛摸索,在改革开放40多年的伟大实践中,不断总结成功的经验和失败的教训,形成了具有中国特色的社会主义制度和国家治理体系,来之不易,从我国国家治理的发展历程中可以总结出宝贵的治理经验。

党的十八届三中全会指出,全面深化改革的总目标是推进国家治理体系和治理能力现代化,正确处理政府、市场、社会的关系是全面深化改革的关键所在。因此,国家治理的核心内容应当包括政府、市场、社会三者的关系。以新中国成立的时间为起点,至今,我国的国家治理大概可以分为三个阶段。第一个阶段为新中国成立至改革开放前的时期,我国侧重政府管理,把国家治理等同于政府管理。随着社会发展及公民自主意识的增强,我国的国家治理进入第二个阶段,这一时期为改革开放至党的十八届三中全会,市场经济的优势逐渐凸显出来,市场效率高于政府效率①,我国着重发展经济,以经济的飞速发展带动社会各方面齐头并进。随着市场经济体制逐步确立,社会组织和公共服务事业也获得了一定发展,党的十八届三中全会的召开标志着国家治理进入第三个阶段,我国开始对社会治理更加重视,国家治理体系中政府、市场、社会形成了相辅相成的良性互动关系。

(一)第一阶段(1949—1977年):侧重政府管理

新中国成立之初,政府在国家治理、资源配置等方面占据了主导作用,市场、社会处于相对较弱的地位。经济学家林毅夫曾强调,市场机制很难保证稀缺资源流向不具比较优势的重工业部门,因此就需要借助计划与行政命令配置资源。② 在社会资源的有限性条件和计划经济体制的架构之下,国家大部

---

① 美国经济学家鲍莫尔对财政支出增长原因的分析,是从政府部门平均劳动生产率偏低的现象入手的。鲍莫尔在他所建立的"非均衡增长模型"中,将国民经济区分为两个部门:生产率不断提高的部门(即有技术进步的部门)和生产率提高缓慢的部门,前者如制造业,后者则为服务业和政府部门。引自吴家声:《财政学》,台湾三民书店印行1987年版,第124—125页。

② 林毅夫等:《中国的奇迹发展战略与经济改革》,上海人民出版社2002年版,第28—97页。

分稀缺资源掌握在政府手中,民众不被允许掌握重要资源,资源分配必须求助于政府的权威裁决和计划安排,政府凭借着对经济生活的控制进而实施对社会的全面控制。

这一时期我国在贸易、金融、商业上,对农产品实行统购统销,对进出口贸易实行许可证和国家统制,对外汇进行国家管制,对银行业务进行统收统支,对物资和流通实行国家经营①,这些举措限制了自由贸易的往来,某种程度上重复了我国古代对私营商业的歧视政策,损害了"经济人"自我利益驱动的有效性。但从积极的角度来看,这一时期出现的各种矛盾与问题,也为改革开放后中国国家"治理"转型积累了丰富的管理经验和教训,此阶段形成的国家治理制度基础也为进一步的市场治理和社会组织发育提供了机会。

(二)第二阶段(1978—2012 年):侧重经济治理

党的十一届三中全会开启了改革开放的新时期,社会主要矛盾也发生了变化,中国社会处于从计划经济体制向市场经济主导的深刻社会转型之中,邓小平领导全党将发展重心从以阶级斗争为纲转向以经济建设为中心,建立和完善社会主义市场经济体制。此时,在国家治理的语境中,政府治理仅仅是其中一个要素,政府更注重自身职能定位,为市场治理机制保留足够的空间。从以政府治理为主转向以市场治理为主是一个循序渐进的过程。在改革开放初期,主要依靠政府权威快速聚集资源发展社会生产力,充当市场的"孵化器",培养市场潜力。进入发展的全面阶段后,政府的职能也发生转换,将社会资源分配的重任移交至市场,政府主要负责对非物质资源的管理。但在推动经济发展的过程中,国家支配形式在追求合法性的压力下,资源向上集中,向公共部门集中,刺激了公共部门的急剧扩张,由此容易产生集中体制和有效治理之间的矛盾②,遏制社会经济内生增长动力。解决的出路之一就是减少政府管理职能,让社会机制取而代之,这也为社会组织的发育提供了开端和契机。

(三)第三阶段(2013 年至今):侧重政府和市场、社会协同治理

党的十八届三中全会的召开将我国的国家治理向前推进了一大步,首次

---

① 赵红军:《小农经济、惯性治理与中国经济的长期变迁》,格致出版社 2010 年版,第 263 页。
② 周雪光:《中国国家治理的制度逻辑》,生活·读书·新知三联书店 2017 年版,第 434 页。

提出创新社会治理体制。自 2013 年以来,政府和社会资本合作(PPP)相关政策密集出台。在国家治理的语境中,除了政府和市场,社会也参与其中,国家治理主体向多元化发展。

社会组织是公众表达利益诉求和参与治理的平台,带有广泛的功能,如化解公众矛盾、提供社会服务、增进社会认同感等,既有企业的灵活性,也有为社会公众服务的责任感,如同连接国家和公众的桥梁,能够为国家治理提供有力的支撑。因此,我国高度重视社会治理在国家治理中的地位,党的十九届四中全会指出"社会治理是国家治理的重要方面""要坚持和完善共建共治共享的社会治理制度""必须加强和创新社会治理"。在该时期,中国共产党的治理思维发生重大变化,权力让渡、多元协同治理意识活跃起来。至今,我国政府、市场和社会之间已经形成了一个动态、复杂的网络治理系统[1],各个主体之间更加注重协同发展。同时,法治精神深入国家各个领域也为我国动态治理体系提供了保障。

这一时期,财政在国家治理中的地位进一步凸显,党的十八届三中全会提出"财政是国家治理的基础和重要支柱",将财政提升到国家治理层面,说明国家治理和财政相辅相成,没有财政的支柱作用也就无法实现国家治理现代化,而离开国家治理,财政更失去了发挥作用的根基。这种"基础和支柱说"是一个具有历史和理论高度的新论断,准确把握我国财政运行规律,使财政回归本义,从根本上摆正了财政的位置。[2]

### 三、国家治理的时代意义

2017 年,党的十九大指出,中国特色社会主义进入新时代,这个新时代,是决胜全面建成小康社会、进而全面建设社会主义现代化强国的时代,势必要求制度与时俱进。党的十八届三中全会提出"推进国家治理体系和治理能力现代化",第一次把国家治理体系和治理能力与现代化联系起来,着眼于现代

---

① 李维安:《从公司治理到国家治理》,江苏人民出版社 2018 年版,第 157 页。

② 高培勇:《深刻认识财政"基础和支柱说"》,《金融经济》2016 年第 3 期。

化,并以现代化为落脚点,揭示了现代化与国家治理有着密切的内在关系。

党的十九届四中全会系统继承了十八届三中全会的成果,将国家治理与我国的根本政治制度紧密联系在一起,会议指出"我国国家治理一切工作和活动都依照中国特色社会主义制度展开,我国国家治理体系和治理能力是中国特色社会主义制度及其执行能力的集中体现"。

2019年11月,习近平总书记在中央全面深化改革委员会第十一次会议中,谈到落实党的十九届四中全会重要举措时也强调,"要以坚持和完善中国特色社会主义制度、推进国家治理体系和治理能力现代化为主轴,增强以改革推进国家制度和国家治理体系建设的自觉性,突出制度建设这条主线,继续全面深化改革"①。随后,党的十九届五中全会指出"十四五"时期经济社会发展主要目标之一就是国家治理效能得到新提升。从党的会议和习近平总书记对国家治理的论述中可以看出,国家治理离不开现代化,现代化构成了国家治理的题中应有之义。

推进国家治理现代化是适应时代潮流和发展趋势的必然选择。中国共产党带领人民历经艰辛,不断进行制度建设的探索,坚持和完善中国特色社会主义制度,仅用几十年时间就完成了西方国家几百年发展才能取得的伟大成就。我国将推进国家治理体系和治理能力现代化作为发展的主轴,具有鲜明的时代意义。

(一)有助于顺利实现"两个一百年"奋斗目标和中华民族伟大复兴中国梦

党的十九大到二十大,是"两个一百年"奋斗目标的历史交汇期。我国已经全面建成小康社会、实现了第一个百年奋斗目标,要乘势而上开启全面建设社会主义现代化国家新征程,向第二个百年奋斗目标进军。在这个承前启后的关键历史时期,党和国家事业发展提出新要求,研究和解决、坚持和完善中国特色社会主义制度,推进国家治理体系和治理能力现代化过程中的若干重大问题,充分体现了以习近平同志为核心的党中央高瞻远瞩的战略眼光

---

① 《习近平谈治国理政》第三卷,外文出版社2020年版,第180页。

和历史担当,也充分反映了新时代党和国家事业发展的新要求与人民群众的新期待。

(二)有助于中国特色社会主义制度优势转化为治理效能

进入 21 世纪以后,随着经济全球化日益加深,国际政治经济格局加速演变,一大批新兴市场国家和发展中国家快速发展,世界多极化加速发展。但同时,全球发展深层次矛盾日益突出,保护主义、单边主义思潮抬头,多边贸易体制受到冲击,世界经济整体发展面临诸多风险和不确定性。党的十九大以来,习近平总书记多次指出,"当今世界正经历百年未有之大变局,我国正处于实现中华民族伟大复兴的关键时期"[1]。面对危害我国主权,危害我国社会主义制度,危害我国"两个一百年"奋斗目标实现的各种风险挑战,推进国家治理现代化,发挥我国国家治理优势,有助于把我国制度优势更好转化为国家治理效能,为应对国际国内重大风险,为人民提供安全稳定的发展环境,为实现社会长治久安提供有力的制度保障。同时为发展中国家探索建设更好的社会制度贡献中国智慧和中国方案。

(三)有助于坚定制度自信,充分发挥中国治理体系优势

推进国家治理体系和治理能力现代化,根本上是要把中国特色社会主义制度坚持好完善好,更好发挥党的领导这一最大优势。习近平总书记在 2020 年《坚持和完善中国特色社会主义制度　推进国家治理体系和治理能力现代化》的文章中指出,"制度优势是一个国家的最大优势,制度竞争是国家间最根本的竞争。制度稳则国家稳。中国特色社会主义制度和国家治理体系具有深厚的历史底蕴,具有多方面的显著优势,具有丰富的实践成果。全党同志特别是各级领导干部任何时候任何情况下都要坚定中国特色社会主义道路自信、理论自信、制度自信、文化自信,真正做到'千磨万击还坚劲,任尔东西南北风'"[2]。新中国成立 70 多年来,中华民族之所以能迎来从站起来、富起来到强起来的伟大飞跃,最根本的是因为党领导人民建立和完善了中国特色社

---

[1]　《习近平重要讲话单行本(2020 年合订本)》,人民出版社 2021 年版,第 215 页。

[2]　习近平:《坚持和完善中国特色社会主义制度　推进国家治理体系和治理能力现代化》,《求是》2020 年 1 月 1 日。

会主义制度,形成和发展了党的领导和经济、政治、文化、社会、生态文明、军事、外事等各方面制度,不断加强和完善国家治理。中国的国家治理体系是从中国的社会土壤中生长起来的,历经革命、建设、改革的发展与检验,在短时间内迅速地实现经济繁荣、社会稳定,中国的国家治理向现代化推进的过程也正是向世界各国证明我国制度优势和先进性的过程。

## 第二节　从国家治理的视角看财政体制改革

以往的财政体制改革都是把财政列入经济范畴,把财政当成经济体制的一部分,让财政体制和经济体制的其他各个部分彼此和谐,相互匹配,达到平稳运行的状态。党的十八届三中全会使财政的定位也发生了变化,财政成为了国家治理的基础和支柱,第一次从根本上摆正了财政的地位。那么财政体制的改革也就相应有所变化,新时期必须把财政放在国家治理全局中来定位,让财政跳出经济体制的圈子,与政治体制、文化体制、社会体制、生态文明体制相互协调,形成整体和谐运行的局面。只有将财政体制改革内嵌于国家治理的框架当中,才能具有更加强大的理论和现实依据。站在国家治理的角度上看待当今的财政体制改革,可以从国家治理结构入手。现代国家治理一般将国家治理结构分为三个维度:政府与市场、政府与社会以及中央与地方。财政通过征税、提供公共产品和服务、转移支付等收支活动,成为政府、市场、社会三大子系统的媒介,也反映出了中央和地方的事权与支出责任划分。从政府、市场、社会以及中央和地方的关系可以对我国的财政体制改革目标、过程、效果等作出清晰的认知。

### 一、从政府与市场维度看财政体制改革

（一）政府与市场的财政关系

财政是政府"理财之政",是一种伴随国家的产生而产生的经济行为或经济现象,其主体是国家或政府。因此,我们也可以将政府与市场的关系转变成财政与市场资源配置之间的关系。从政府和市场的未来看,财政体制改革就

是一种市场化改革,财政是市场化改革的突破口。[①] 过去我们国家实行统收统支的体制,国家治理的主体只有政府,损害了市场配置资源的有效性,随着国家治理的理念发生变化,治理主体倾向多元化,因此必须进行市场化改革,只有打破过去固化的经济体制,让企业成为市场的主体,市场才会更有动力,经济发展才会更有活力。

2020 年党的十九届五中全会提出,"全面深化改革,构建高水平社会主义市场经济体制。坚持和完善社会主义基本经济制度,充分发挥市场在资源配置中的决定性作用,更好发挥政府作用,推动有效市场和有为政府更好结合。要激发各类市场主体活力,完善宏观经济治理,建立现代财税金融体制,建设高标准市场体系,加快转变政府职能"[②]。这就要求我们要抓住加快转变政府职能这个关键,虽然财政作为政府实现职能的重要经济手段,具有稳定经济、配置优化、分配调节等多项功能,但现在必须更加尊重市场的一般规律,最大限度地减少政府对市场资源配置的直接干预,大力保护和激发市场主体活力。

(二)财政与市场资源配置的矛盾

从收入的角度来看,税收是财政收入的主要来源,税收不仅是一种经济手段,也是一种法律手段以及行政手段,其直接对纳税人发挥调节作用,通过人们彼此存在的联系进而对全社会产生重大影响,因此,税收在资源配置上的差异性势必对不同行业和企业的发展产生干扰。例如某些税种允许各个地方自行采取免税或减税的优惠政策,或在一定幅度内自由裁量,这种不统一带来的后果就是各种税收洼地的形成,资源朝着更加有利可图的地方流动,影响了整个市场的一致性。从支出的角度来看,财政资金通常拨向符合国家当前发展目标的领域,体现政府的扶持和激励,很多中央和地方部门手握财政资金,以专项名义向某行业或企业拨款,这样的扶持看似促进了行业的欣欣向荣,却未必是公平的,实际上可能是在扰乱市场秩序。例如国家针对节能环保行业制

---

① 刘尚希:《从国家治理的视角看全面深化财税体制改革》,引自《财政与国家治理理论探索》,中国财政经济出版社 2017 年版,第 46 页。

② 《中国共产党第十九届中央委员会第五次全体会议公报》,人民出版社 2020 年版,第14 页。

定了各种税收优惠和财政补贴政策,但当前对于节能环保没有统一的定义,如何准确认定节能环保企业和技术是一个问题。另外,资金是否被运用在目标用途上也存在疑问,在政策实施中,许多企业将国家补贴用于弥补亏损,而非用于研发或扩大生产。可见,如果财政与市场的资源配置作用没有厘清,将造成整个社会政策激励性下降,反而不利于国家目标的实现。

(三)财政体制改革为市场简政放权

预算作为国家财政收支计划,规定了国家财政收入的来源和数量、财政支出的各项用途和数量,反映着整个国家政策、政府活动的范围和方向,因此可以借助大数据、云计算等现代技术,通过现代预算制度的构建解决财政对于市场的种种干预问题。例如,2021 年 5 月 1 日,广东省"数字政府"公共财政综合管理平台全面上线成功,该系统覆盖全省 272 个财政部门和 4.4 万个预算单位,首次实现中央、省、市、县、镇五级财政大贯通,各地实时发生的每一笔财政资金支付情况都能够一览无余,极大提高了预算的管理效率。

对于政府性基金项目,应当对其进行清理,剔除冗余少用的项目,可以采用"赎买"的政策,将其纳入一般公共预算,继续推动取消地方或部门越权设立的政府性基金项目,让市场机制发挥更大作用。另外,要严格控制新设的政府性基金。非必要不设立新的政府性基金,可以通过其他手段,如改革税收政策、调整税目或税率等。

还有一些以收定支、专款专用的项目,容易使财政资金碎片化,因此对于一般公共预算中的以收定支项目,除法律法规有明确要求之外,不再实行专款专用。现存的一些专款专用规定,需要进行统筹安排。

## 二、从政府和社会维度看财政体制改革

(一)政府与社会的财政关系

社会组织成为国家治理的重要角色的时间并不长,改革开放后约 30 年时间里,国家治理的重心都放在经济治理上,而在最近十年中,国家治理重心才开始向社会治理偏移。因此,探讨政府和社会的财政关系还是一个比较新的命题。政府通常从宏观上设计制度和规则,导致其难以充分考察到公众的微

观行为,另外双方在对话协商方面成本较高,存在着国家"吃力不讨好"、公众"上诉无门"等互动效率低的情况。① 作为社会的新兴力量,社会组织通过搭建群体利益协商平台,及时承接上级政府的指示,同时传递公众诉求,实现国家政策和群众反馈的双向高效传导。从整体上看,是政府"掌舵"、社会"划桨"。社会组织承接政府职能,承揽政府购买公共服务,这是政府和社会的基本财政关系。

(二)财政与社会治理的矛盾

市场化改革就是要发挥市场在资源配置中的决定性作用,而社会化改革应当包含哪些领域和哪些行业,目前还处于探索阶段。可以确定的是,一些隶属于政府、为社会提供服务的非经济组织,例如研究院、高校、医院等,不符合市场效率原则,并不能将其纳入市场化改革的框架之中,需要纳入社会治理的框架。但当前的社会化改革却是碎片化的,例如教育领域改革,所谓教育改革主要是指改变学校治理模式,厘清政府、学校和社会三者之间的关系,改革的趋势是政府不断简政放权并扩大社会参与②。当前社会主体参与学校改革较少,参与渠道也限于政府政策规定的教育咨询委员会、中小学家长委员会等,因此教育改革难以取得实质性进展。必须改变社会领域项目不是政府就是市场包揽的格局,提高其社会治理水平。

经济治理注重效率,社会治理注重秩序。不仅要防止"市场失灵",也要避免"社会失序"。之前提到过,在国家治理的语境下,财政不局限于经济体制中,其他领域的改革也与财政体制改革紧密相连,因此对后者提出了一些新的挑战。

(三)财政体制改革扩大社会治理范围和规模

改革开放以后,政府在处理与市场的关系时,将部分权力分给市场,让经济组织成为能够自我约束、自我管理的自治主体。社会化改革也应当如此。

---

① 陈晓运、黄丽婷:《"双向嵌入":社会组织与社会治理共同体建构》,《新视野》2021 年第 2 期。

② 姚宇华:《教育改革中的社会缺位和再定位审思:社会参与的视角》,《广州大学学报(社会科学版)》2016 年第 12 期。

国家财政适当激发社会活力,只需要提供一些基本的公共产品,并监督社会动态,保护社会秩序,及时化解风险和弥补缺口,而社会组织充分发挥自治能力,在治理实践中弄清与政府之间的关系,对于在哪些领域能够产生治理效果就有了一个更清晰的认识。

党的十九届四中全会强调要坚持和完善共建共治共享的社会治理制度。把握好公众参与这个基础,对政府财政权力要有监督,使公民享有预算信息的知情权,让利益相关方共同决策,共同管理公共事务。此外,通过财政激发社会活力,在财政支出上通过扩大政府购买的规模和范围,缩减政府职能,将专业化公共服务移交至社会组织手中,持续深入推进 PPP 模式。同样可以借鉴广东政府的采购智慧云平台,以数字采购代替传统采购,让广大采购单位、供应商、采购代理机构、专家等入驻该平台,商品直接上架至平台,供求双方高效对接,提升采购交易效率。

### 三、从中央和地方维度看财政体制改革

中央和地方财政关系是政府间权责划分的基本组成部分,是现代国家治理的重要方面。党中央对于完善政府间关系作出了一系列论述和要求。习近平总书记在党的十八届三中全会上指出:"加快形成有利于转变经济发展方式、有利于建立公平统一市场、有利于推进基本公共服务均等化的现代财政制度,形成中央和地方财力与事权相匹配的财税体制,更好发挥中央和地方两个积极性。"①党的十九大报告中强调:"加快建立现代财政制度,建立权责清晰、财力协调、区域均衡的中央和地方财政关系。"②党的十九届四中全会进一步要求:"优化政府间事权和财权划分,建立权责清晰、财力协调、区域均衡的中央和地方财政关系,形成稳定的各级政府事权、支出责任和财力相适应的制度。"③

---

① 《中国共产党第十八届中央委员会第三次全体会议文件汇编》,人民出版社 2013 年版,第 102 页。

② 习近平:《决胜全面建成小康社会 夺取新时代中国特色社会主义伟大胜利——在中国共产党第十九次全国代表大会上的报告》,人民出版社 2017 年版,第 34 页。

③ 《中国共产党第十九届中央委员会第四次全体会议文件汇编》,人民出版社 2019 年版,第 34 页。

中央和地方财政关系也可以分为三个维度：一是事权和支出责任，即各级政府应承担的公共事务和服务的职责以及财政资金是否匹配；二是从收入角度看，主要是税收收入在政府间的划分；三是政府间转移支付，涉及各级政府财政盈亏如何调节的问题。1994年我国分税制改革，从制度上初步规范了中央和地方财政关系，采取"存量不动，增量调整"的原则，旨在确保各级政府既得财力的基础上，对新增收入形成的财力按比例进行调整，为建立现代财政制度奠定了良好的基础。

完善政府间财政关系主要体现在事权和支出责任方面，容易出现两者不匹配的问题。

一是中央和地方政府间责任划分不清，主要表现在中央政府承担的直接支出责任较少，将事权和支出责任下放，导致地方政府承担了过多的财政事权和支出责任，中央和地方政府还存在较多的共同事权。

二是事权和支出责任不相适应。理论上事权被分给哪一级政府，就要承担相应的支出责任。1994年分税制改革初期，财政的事权和支出责任并不明晰，很多应由中央政府履行的事权被下放给地方政府，但资金缺位加上地方政府财政收入下降，给地方政府造成了极大压力。从图1-1中可以看到2015年之前，地方财政支出一直大于中央财政支出，2015年以后地方财政支出过多的情况才有所缓解，但仍处于波动之中。

三是事权与财权、财力不匹配。事权与财权相匹配才能实现激励相容，充分调动中央和地方政府的积极性，但是我国东、西、中部地区资源条件不一，东部地区较为发达，领头作用使其承担的事权更大，相适应的财权也能为其提供源源不断的财政收入，推动目标计划实施。但西部地区由于资源和历史因素，财政收入不足，财权提供的激励目标难以完成，需要通过其他途径获取收入，比如土地融资、地方债。从图1-2中可以看出，我国地方的税收收入占财政收入的比重较低，近5年处于波动向下的趋势。中央一般通过转移支付解决此类问题，但也会带来矛盾，如专项转移支付比重过高，地方资金使用效率较低等问题。

（单位：%）

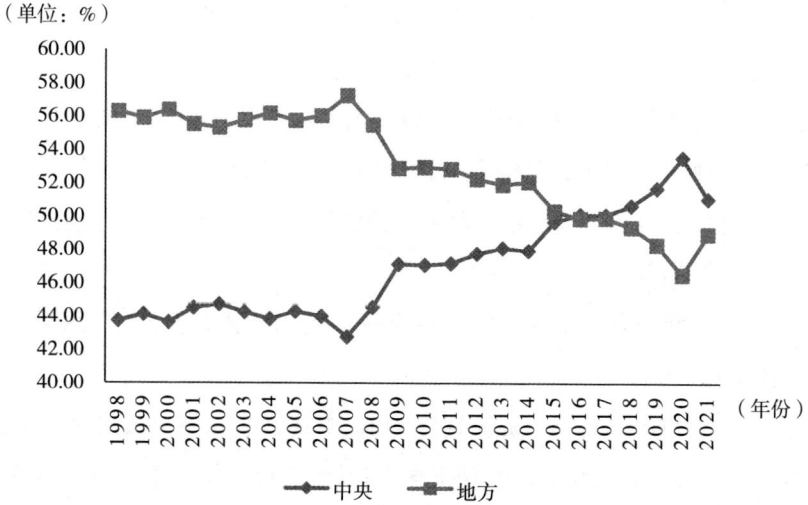

**图 1-1 我国历年来中央和地方财政支出占比情况**

资料来源：历年中国财政年鉴。

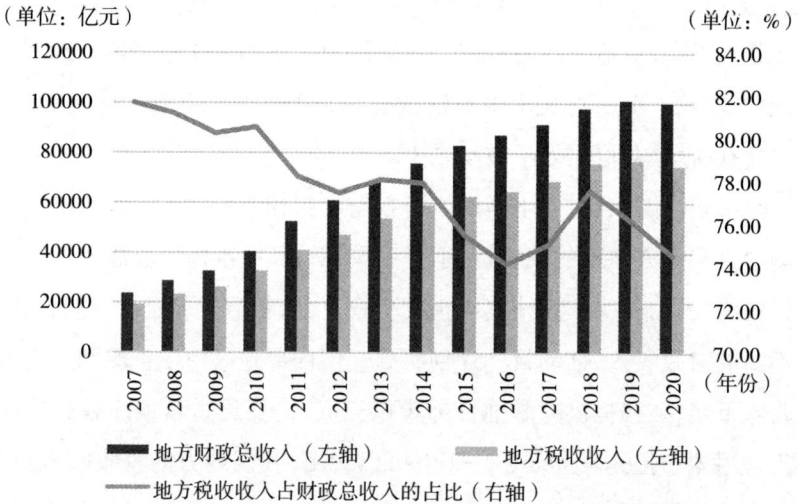

**图 1-2 我国历年来地方财政总收入和地方税收收入情况**

资料来源：历年中国财政年鉴、中国税务年鉴。

　　党的十九大报告将建立现代财政制度,建立权责清晰、财力协调、区域均衡的中央和地方财政关系置于现代财政的首要位置,为财政体制改革提供了更加明确的方向,未来的改革就是要针对我国现有的问题——提出解决办法。一是规范财政收支的法律体系,科学、合理地界定中央与地方各级人民政府的事权和财政支出范围。二是中央将部分事权收回,避免将过多事权移交给地方政府,承担更多的支出责任。另外尽量将共同事权中的责任划分清楚,减少共同事权。三是保留地方政府探索自主财力增长模式的制度空间。充分考虑地方政府的财政压力,资金偶发性缺位时能够及时应对。四是向地方政府适当下放财权,并加强对地方财政融资的管理。对专项资金进行合并同类项,剔除冗余项目,优化转移支付结构,动态监控财政资金运营体系,并给予绩效评价。对于土地融资、地方发债适度监管,避免出现重大债务引发金融风险。

## 第三节　财政在国家治理中发挥基础性和支柱性作用

　　财政既是一个经济范畴,又是一个政治范畴,事关治国安邦、强国富民。亚当·斯密在《国富论》中称财政为"庶政之母"。宋代的苏辙说过:"财者,为国之命而万事之本。国之所以存亡,事之所以成败,常必由之。"[①]历史上,我国多次重大变革都将财政改革作为主要内容,而各个朝代的更替,往往又与财政的强弱有着密切关系。历史经验说明,雄厚的财政实力和正确的财政政策,对一个国家的发展繁荣和长治久安具有十分重大的意义。

　　党的十八届三中全会通过的《中共中央关于全面深化改革若干重大问题的决定》中关于财税体制改革部分提出:"财政是国家治理的基础和重要支柱",将财税体制改革提升到"完善和发展中国特色社会主义制度,推进国家治理体系和治理能力现代化"的战略高度。"基础和支柱说"是在国家治理现代化的语境下提出的重要论断,具有历史和理论高度,深刻揭示了财政在国家

---

① 　岳志强等:《财政学》,中国财富出版社 2016 年版,第 8 页。

治理中的作用,明确了财政在国家治理总棋局中的方位,使其功能和作用得到全面提升和拓展。[①]

## 一、财政是国家治理的物质保障

财政为公共权力的实现提供物质保障,通过保障公共权力需求进而保障社会需求。公共权力由政府行使,通过法律与行政命令的方式,旨在实现经济发展、社会稳定的国家治理目标。实现这一目标离不开财政资金支持、资源合理配置以及国民经济平稳运行,发挥财政的物质保障作用。

(一)提供财政资金支持

履行国家职能需要财政资金支持。国家为了实现其对内、对外职能,为了有效地干预经济,实现其公共权力,必须直接或间接地占有一部分社会财富,参与一部分社会产品的分配和再分配。

从充裕的角度而言,财政资金要满足国家长期实现稳定发展的需要,以稳定可靠的收入支持国家的必要开支。国家的社会管理职能可以分为对内和对外两个方面,对内职能可以具体分为政治、经济等,对外职能包括国防、外交等。与私营部门不同,国家履行职能的主要目的并不在于盈利,国防、教育、卫生等事业本身能够创造的经济收入有限,但在公共利益方面意义重大,是国家长期发展所必须重视的领域,需要国家出资支持。以国防为例,财政资金用于保障军民融合的深度发展,为军队转业干部、退役安置、优抚对象等提供补助经费,反映了支持国防现代化建设的内在需求和应对国际政治领域博弈的外部压力。财政在支持国家长治久安方面发挥着重要作用,实现财政支出规模和结构与国家经济社会发展需求相适应是必要的。

从弹性的角度而言,财政资金要满足国家临时应对突发事件的需要,随着社会实际需求变化而变化。及时稳妥地应对突发事件需要财政资金在短时间内的及时调拨,加强国家危机管理和应对能力需要长期的资金支持。基于此,财政在支出方面预拨疫情防控资金、向地方下达政府转移支付资金,在

---

① 高培勇:《深刻认识财政"基础和支柱说"》,《金融经济》2016年第3期。

收入方面减税降费、发行特别国债,为应对疫情挑战、促进复工复产作出了重要贡献。

(二)实现资源优化配置

实现国家治理的目标需要财政发挥优化资源配置的作用。社会主义市场经济体制要求充分发挥市场在资源配置中的决定性作用,更好发挥政府作用,激发各类市场主体活力,发挥资源配置方面的优势。

国家通过财政这一经济手段理顺政府与市场的关系,使市场在资源配置中起决定性作用。市场决定资源配置是市场经济的一般规律,而过多运用限制性规章、审批制度等行政手段容易造成对市场主体的过度干预,因此政府应更多采用经济手段、法律手段,加快转变政府职能。财政通过收支行为对社会资源进行再分配,体现国家治理的各种意图和政府活动的范围、方向、重点与政策要领,具有以管理为主的行政手段所不具备的优势。充分发挥财政的引领作用和服务作用,一方面可以引导企业和社会主体参与到经济结构调整战略中,另一方面可以为经济社会提供基本公共服务。通过经济手段来治理市场经济,既维护了市场的公平统一,激发了市场经济的效率与活力,又在体现国家治理意图的同时,通过财税杠杆起到"四两拨千斤"的乘数效应和放大效应,对经济发展起到助推器作用,以此促进我国社会主义市场经济体制的完善与发展。

财政是政府调控经济的手段之一,有助于克服市场非效率,更好地发挥政府在市场经济中的作用。市场发挥决定性作用绝不等于将资源配置完全交给市场,因为市场客观上存在自发性、盲目性、滞后性的缺陷,资源配置可能是非效率的,因此发挥政府的作用是必要的。财政就是政府通过"有形的手"介入经济过程、完善市场经济的途径之一,如财政可以通过转移支付安排,提供开展反垄断执法的补助经费,从而强化反垄断和防止资本无序扩张,维护统一开放、竞争有序的市场体系;财政对环境污染等负外部性加征税收,对科技研发等正外部性予以补贴或优惠,从而实现对外部效应的治理;财政支持公共部门提供用来满足社会公共需要的商品和服务,这些通常是市场无法提供或提供不充分的必需品和有益品等。通过财政实现政府和市场各司其职的目标,以高效率的资源配置为国家治理服务。

(三)促进经济平稳发展

实现国家治理需要通过财政政策促进宏观经济的稳定与增长。自20世纪30年代现代宏观经济学产生和发展以来,各国政府通过运用包括财政在内的经济政策工具有效地抑制了通货膨胀和失业,避免经济大幅度波动。国家对财政收支数量、方向的控制,有利于实现社会总需求和总供给的平衡及结构的优化,保证国民经济的持续、稳定、健康发展。而平稳发展就是要求避免出现经济过热或经济过冷的问题。

当出现需求拉动、成本推动等原因造成的经济过热时,会出现商品价格的普遍上涨,导致全社会生产成本提高、生产性投资风险加大,而且会使得依靠固定薪金收入的阶层受到损失。此时可以运用紧缩的财政政策,通过增加税收以抑制企业投资和个人消费支出,同时通过压缩政府机构开支、减少各种补贴等方式控制财政支出,削弱社会总体购买力,减轻物价上涨的压力,缓解经济过热的局面。

当出现有效需求不足、供需结构不合理等原因造成的经济过冷时,会出现社会总投资减少、消费需求和规模下降的情况,并且会对社会收入再分配造成不利影响。此时可以运用扩张的财政政策,通过扩大财政开支、兴建公共工程、增加财政赤字、减免税收等,实现拉动经济、带动国家走出经济低迷的目的。

总之,财政是国家治理的物质保障,为国家治理提供现实需求的资金支持,有助于根据国家治理的目标合理高效配置资源,营造有利于国家治理的宏观经济环境。因此,稳固、平衡、强大的财政是强国富民的基石和保障,对国家治理意义重大。

## 二、财政制度是国家治理的制度保障

财政制度为国家治理提供制度保障。财政制度的制定涉及社会经济各领域,法治规范透明的财税政策是国家公共治理改革的突破口,科学有效的财税政策是实现宏观调控的有力工具。

（一）财政制度为国家治理提供全局保障

财政是政治、经济和社会系统的媒介。按照德国经济学家瓦格纳在他的10卷本《财政学》中的解释，整个社会是由政治体系、经济体系和社会体系三个子系统构成的，而财政是连接这三个子系统的关键环节，或者说，三大子系统以财政为媒介构成了整个社会。① 我国新的财政体制改革以调整其媒介职能作为重要方向，将三个子系统相互衔接。改革以财政为主线，对社会各子系统的相互关系进行调整。由此可见，我国财政体制改革的目的显然不只是处理财政领域的局部问题，而是借此重构社会三大子系统的平衡，实现整个国家的有效治理，为国家治理提供全面的制度保障。

具体到我国改革的实际情况，可以看到财政制度的制定涉及社会经济各领域，与全面深化改革目标的各个方面都有着密切的关系。全面深化改革的总目标是完善和发展中国特色社会主义制度、推进国家治理体系和治理能力现代化，明确了全面深化改革的根本方向和实现路径。从全面深化改革的总体部署上看，国家治理所涉及的范围已经覆盖经济、政治、文化、社会、生态及党的建设等各个领域。要"推进国家治理体系和治理能力现代化"就必须全面推进社会主义经济建设、政治建设、文化建设、社会建设、生态文明建设和党的建设。以整体性视角观之，财税体制改革无疑在整个改革部署中处于核心枢纽位置，作为多领域改革的交汇点，具有"牵一发而动全身"的效应。财政制度的保障作用是多领域、全覆盖的。

因此，现代财政制度的建设必然是经济系统、政治系统和社会系统的导线，既内现于国家治理，表现为国家治理的每个方面都与财政相关，又外现于国家治理，表现为财政是连接社会子系统的媒介，发挥基础性和支柱性作用。

（二）财政制度为国家治理提供法治保障

国家公共治理是一项涵盖经济、政治、社会、文化和生态文明的综合性治理政策。公共治理的改革目标是建立一个公开透明、民主问责的政府。财政是国家政权活动的核心体现，它既是一个资源配置问题，也是一个利益分配问

---

①　贾康：《财政学通论》，上海东方出版中心 2019 年版，第 94 页。

题,关乎民众利益,涉及公共资源配置的规则问题。而规则的制定和执行离不开法律规范的约束和支撑,因此持续推进法治化进程是财政工作的必然方向,法治财政也会进一步为国家治理提供保障。

法治规范透明的财税政策是国家公共治理改革的重要窗口。一方面,要切实提升财政法治化水平,以法定原则指导财政体制改革,从程序和内容上完善财政法治建设。2020 年,财政部发布《关于深入推进财政法治建设的指导意见》,列明七项主要任务:依法全面履行财政职能,完善财政法律制度体系,推进财政重大决策科学化、民主化、法治化,严格规范财政行政执法,强化对财政权力运行的制约和监督,依法有效化解社会矛盾纠纷,持续推进财政普法。[①] 加快推进财政法治建设是契合国家治理体系和治理能力现代化目标的必由之路。另一方面,要发挥财政的法治监督职能,以严密的法治监督体系提升治理效能。发挥财政部在财税政策法规执行情况、预算管理及绩效评价等方面的监督职能,对各级政府部门的债务及内部控制加以检查和审计。监督是权力正确运行的根本保证,通过做深做细财政日常监督、抓好财政同级审工作、强化多方监督衔接贯通,在提高法治化水平的基础上释放国家治理效能。

当前,我国财政政策的机制设计处于不断完善的过程中,以期充分发挥其法治保障方面的作用,服务于公共治理的需求。要发挥财政在国家治理能力和治理体系方面的基础作用,必须将其视为公共治理的基本制度,把握财政的法治原则,以高度法治化的财政制度助推国家公共治理政策的改革。

(三)财政制度为国家治理提供科学保障

经济具有周期性特征,积极探索政策措施以熨平经济波动或者缩短萧条期、减少低谷波动成为人们锲而不舍的追求。财政政策和货币政策就是在历史发展中探索出的国家调控经济的有效手段,其中财政政策主要表现为政府的税收权力和预算支出权力。政策的运行和权力的配置需要遵循科学原则,科学的财政政策对把握国家治理内涵、推进国家治理进程意义重大。

科学有效的财政政策是实现宏观调控的有力工具。经典的凯恩斯宏观调

---

① 财政部:《关于深入推进财政法治建设的指导意见》,财政部网站,2020 年 1 月 23 日。

控理论认为,财政政策一般通过两种方式发挥对经济周期的稳定效应:一种是通过财政系统各部分自然地变化产生内在自动稳定器功能;一种是政府根据实时监控的经济波动,积极主动地采取相机抉择的财政政策。由于自动稳定器效应有限,国家往往采取相机抉择的财政政策,以增强稳定宏观经济波动效应。理想的相机抉择财政政策应呈现显著的逆周期波动性。然而,由于种种因素影响,同一经济体相机抉择财政政策的顺周期性与逆周期性并存。因此,建立科学的财政政策是进一步深化财税体制改革的努力方向。通过建立现代财政制度,治理财政政策的顺周期性,增强宏观逆向调节作用,为国家治理提供稳定发展的宏观经济环境。

财政为政府运行打下坚实的经济基础,财政收入、支出、预算是政府通过经济手段进行国家治理的重要手段。现代财政制度要求财政收入、支出和预算制度更加科学有效,使其更有利于政府职能实现和国家治理能力的提高。

总的来说,科学的财税体制是优化资源配置、维护市场统一、促进社会公平、实现国家长治久安的制度保障,从全局、法治、科学的角度为国家治理提供有力且到位的保障。对于我国来说,建立现代财政制度,制定和实施正确的财税政策,是全面推进改革开放和现代化建设、实现中华民族伟大复兴的必然要求。

## 三、建立现代财政制度是推进国家治理现代化的关键环节

财政是推进国家治理体系和治理能力现代化的关键环节。从国家治理现代化的内涵来看,财政是其中的重要内容,贯穿于国家治理体系的各领域和全过程。财政的战略定位不断提高,实现了从"资金收支"到"资源配置"、再到"关系党和国家事业全局"的迈进。

(一)深化财税体制改革是国家治理体系改革的排头兵

国家治理体系是一整套管理国家的制度安排,而我国正在经历历史性的制度转轨即全面改革,现代财政制度既是其中重要的组成部分,又是对于全面改革的引领、配套和支撑。深化财税体制改革不仅关系到财税领域的发展,还会涉及收入分配机制、政府透明度、政府与人民的关系等各个方面,在解决社

会矛盾与提升国家治理能力方面作用突出。

深化财税体制改革是国家治理体系改革的排头兵。改革开放以来,财税体制改革在历次重大经济社会改革中大多扮演先行军的角色,为经济、政治、社会领域的全面改革打开新局面。当前,我国在推进国家治理体系和治理能力现代化的过程中,基于渐进式改革的"路径依赖"制约,经济社会体系中存在影响国家治理现代化的阻碍。而财政作为国家治理的重要组成部分,在依法治国原则下建立现代意义的税制和预算制度,势必涉及政治改革、经济改革和社会改革的"利益固化藩篱",引出全面改革的命题与一系列相关推进步骤,从而达到建设国家治理体系,提高国家治理能力的效果,使全面深化改革得到十分重要的全面支撑。

相较于其他领域的体制改革,财税体制改革给企业、个人的改革红利最为具体,是推进全面深化改革的重要手段。发挥好财政"先行军"的作用,明确财税体制改革"牵一发而动全身"的战略定位,承载"改革发展,财税先行"的使命,对于推进国家治理现代化意义重大。构建依法治税、合理划分事权、建设现代预算制度等现代财政制度的过程,也是推进国家治理体系与能力现代化的过程。

(二)建立现代财政制度是国家治理能力提升的具体表现与必然要求

国家治理能力是运用国家制度管理社会各方面事务的能力,包括改革发展稳定等各个方面,而建立现代财政制度的提出,体现了国家对于财政领域发展方向的把握与引领。国家在建立现代财政制度方面取得的重要成果与迈出的实质性步伐,也是国家治理能力提升的充分表现。

建立现代财政制度是国家治理能力提升的具体表现。面向"十四五",为保障重大战略和重点任务的实现,需要健全符合高质量发展要求的财政制度。而建立现代财政体制的要义在于协同共治,财政和税收体制的协同和契合程度,在一定程度上决定了国家的治理能力。从国内治理来看,如果财政沦为"小财政""政府会计或出纳",不仅不能有效统筹公共资源的配置和使用,也降低了政府治理能力,更无法发挥大国财政的治理作用。只有从大国治理的视野出发,加强财政与税收的协调,才能有效提升国家治理能力。从全球治理来看,大国财政是大国治理的基础,大国财政需要大国税收来支撑,二者的协同程度决定了大国在全球竞争中维护本国利益的能力。因此,应对全球形势的变化,提升我国的全球治理能力,必须要求财政体制和税收体制在协调上更进一步。①

建立现代财政制度也是与我国国情相适应,提升国家现代化治理能力的必然要求。当前,我国数字经济发展迅猛,数字化的发展改变经济形态的同时也深刻改变政府处理信息的方式。数字财政是数字经济发展的必然产物,是国家治理现代化的重要抓手,加强数字财政建设,形成数字财政工作新格局,是我国现代财政制度建设的必然要求。

(三)现代财政制度是完善和发展中国特色社会主义制度的后盾支持

中国特色社会主义制度,是当代中国发展进步的根本制度保障,集中体现了中国特色社会主义的特点和优势。② 推进社会主义制度自我完善和发展,需要在国家治理的各个领域形成一整套相互衔接、相互联系的制度体系。而财政作为"以政控财,以财行政"的分配体系,在完善制度建设的各个方面都发挥着重要的基础和支撑作用。

现代财政制度是完善和发展中国特色社会主义制度的后盾支持。在政治、经济、文化、社会、生态等各个领域,财政都为推进社会主义制度提供了坚强的后盾。政治领域,财政是确保行政运转正常、政令畅通的重要基础,并且能够通过其管理监督功能规范行政事业单位财务行为,促使行政事业单位提高资金使用效益,支持和保障各项工作任务的完成。经济领域,财政是政府宏观调控职能的重要抓手,政府进行经济结构调整、转变经济发展方式的核心手段是通过财政来引导社会资本的投资领域和投资结构。文化领域,加大财政对公共文化事业的投入,有利于意识形态的统一,增强全民族文化创造活力,推进社会主义文化强国的建设,这也是公共财政的社会回应性的具体表现。社会领域,财政需要发挥保障、扶持、引导社会治理的重要作用,推动社会管理

---

① 陈龙、马源:《现代财税金融体制重在协同共治》,《学习时报》2021 年 2 月 10 日。
② 肖长富、李敬、吴大兵:《中国特色社会主义制度是中国发展进步的根本制度保障》,《光明日报》2012 年 12 月 22 日。

组织与模式的发展,激发社会组织活力,实现政府调控和社会自我调节、居民自治良性互动。生态领域,财政为保护生态环境提供财力后盾,支持环保产业发展,助力碳达峰、碳中和目标的实现,并配合产业结构调整、低碳绿色和循环经济发展等,积极优化相关财政政策,完善环境税收体系。

总的来说,国家治理需要财政作为基础和支柱,国家治理的所有活动也都会反映到财政改革发展的过程中。推进建设中国特色社会主义伟大事业,不断提高全国各族人民的物质文化生活水平,维护社会稳定和国家的经济、国防安全,必须要努力建立强大的国家财政。作为邦国之本,财政是统领全局的宏观管理事业,关乎国家的发展与人民的福祉,是推进国家治理能力提升和治理体系现代化的基础和重要支柱。

# 第二章　建立现代财政制度

　　国家治理体系的现代化,离不开财政制度的现代化。党的十八届三中全会通过的《中共中央关于全面深化改革若干重大问题的决定》(以下简称《决定》)中关于财税体制改革部分提出,"财政是国家治理的基础和重要支柱",并首次提出建立"现代财政制度",认为"科学的财税体制是优化资源配置、维护市场统一、促进社会公平、实现国家长治久安的制度保障"。这是对新时期财政的属性和职能作用的一个精练概括,是依据新的历史条件对财政的重新定位,把对财政职能作用的认识提到了一个新的历史高度。《决定》指出,财税体制改革的基本思路是"完善立法、明确事权、改革税制、稳定税负、透明预算、提高效率"。2014年6月中央政治局审议通过了《深化财税体制改革总体方案》,指出到2020年基本建立现代财政制度。党的十九大强调"加快建立现代财政制度"。党的十九届四中全会将现代财政制度纳入中国特色社会主义制度"图谱"。党的十九届五中全会明确提出了"建立现代财税金融体制"。2021年《中华人民共和国国民经济和社会发展第十四个五年规划和2035年远景目标纲要》明确提出,"更好发挥财政在国家治理中的基础和重要支柱作用,健全符合高质量发展要求的财税制度",强调了我国在实现第一个百年奋斗目标后,应持续健全财政制度建设。那么,何为现代财政制度,现代财政制度的基本内容是什么?具有怎样的特征?建设现代财政制度的意义何在?

# 第一节　现代财政制度的概念

## 一、什么是现代财政制度

按照财政理论,不论什么样的国家或者体制,财政制度一般都要包括财政的收入、支出以及政府间财政关系,反映在制度建设上,主要就是预算制度、税收制度和中央与地方分级财政体制的建设。但什么样的财政制度可以视为现代财政制度呢? 一直以来,我们对财政的认知是与对整个经济体制改革的认识相一致的。改革开放以来,我们的目标是发展社会主义市场经济体制。财政改革作为经济改革的中心环节,其职能定位自然与此是相匹配的,多是作为经济体制改革的组成部分,在经济体制改革的棋局上加以部署。而党的十八届三中全会提出国家治理体系和治理能力现代化的目标。从这个角度来说,作为改革中心环节的财政不仅是政府手中的杠杆或工具,更是国家治理的基础。能够与国家治理体系和治理能力现代化相匹配的财政和财税体制,应当是基于全新的理念和思维建立起来的。

习近平总书记在《关于〈中共中央关于全面深化改革若干重大问题的决定〉的说明》中指出,要"加快形成有利于转变经济发展方式、有利于建立公平统一市场、有利于推进基本公共服务均等化的现代财政制度,形成中央和地方财力与事权相匹配的财税体制,更好发挥中央和地方两个积极性"[1]。结合《决定》对财税改革的要求,不难发现,让中国财税体制站在当今世界财政制度形态发展的最前沿,实现财税体制现代化是现代财政制度应有之义。

建立现代财政制度就是健全有利于优化资源配置、维护市场统一、促进社会公平、实现国家长治久安的科学的可持续的财政制度。总体来讲,体系上要统一规范,即全面规范、公开透明的预算管理制度,公平统一、调节有力的税收制度,中央和地方事权与支出责任相适应的制度;功能上要适应科学发展需

---

[1]　《习近平谈治国理政》第一卷,外文出版社 2018 年版,第 80 页。

要,更好地发挥财政稳定经济、提供公共服务、调节分配、保护环境、维护国家安全等方面的职能;机制上要符合国家治理体系与治理能力现代化的新要求,包括权责对等、有效制衡、运行高效、可问责、可持续等一系列制度安排。①

## 二、现代财政制度是对公共财政制度的发展

改革开放以来,中国财政体制经历了从"包干制"—"分税制"—"公共财政框架"—"现代财政制度"的重要变迁。每一次体制的变迁都适应了当时经济社会发展的需要,也实现了财政体制本身的自我完善。

(一)现代财政制度与公共财政制度框架构建存在时代背景差异性

改革开放以来,伴随着经济社会体制改革,财税体制不断进行探索性改革,并逐步建立与社会主义市场经济体制相适应的财税体制基本框架。在1998年全国财政工作会议上,适时提出建立公共财政基本框架,标志着财税体制改革由碎片化的局部调整步入系统性的整体机制构建。自此,"公共财政"一词正式进入了官方话语体系,公共财政制度框架的构建主旨是适应社会主义市场经济体制。公共财政主要着眼点在于计划经济财政、国家财政的属性特征上。过去计划经济时代,国家财政主要服务国有经济,或者说是国有经济之间的财政循环,即国有经济或更大范围说是公有制经济贡献财政收入,而国家的财政支出也主要用于支持公有制经济、国有经济的发展。而我国建立社会主义市场经济体制之后,财政开始取大家之财、办众人之事,正因如此,便有了国有财政向民营经济、国有经济等多种所有制经济成分服务的公共财政的诞生。

现代财政制度的主要着眼点是落在财税体制的时代特征上的。现代财政制度的目标定位重点在2035年我国"基本建成社会主义现代化国家",与之相对应的,我国经济形态已经从工业经济向数字经济、平台经济发展。从国家治理的基础和重要支柱作用出发,经济基础决定上层建筑,国家财政也要从公

---

① 《一场关系国家治理现代化的深刻变革——财政部部长楼继伟详解深化财税体制改革总体方案》,新华网,2014年7月4日。

共财政演变为现代财政制度。从财政自身来看,数字财政、数字税收、预算管理一体化建设等内容,也应该成为现代财政制度的题中应有之义。在全面深化改革总棋局中,立足于匹配国家治理体系和治理能力现代化总目标,为提升庞大的财政收支体量的管理能力,有效发挥现代财政在治国理政方面的引领作用,在新发展阶段应进一步加快推进数字财政建设工作、强化财政大数据分析应用,为深化预算管理改革、提高财政管理现代化水平提供有力支撑。

(二)现代财政制度是公共财政制度的升华

公共财政制度和现代财政制度,本是为了解决中国自身问题需要而提出的一个富有中国特色的概念。二者都寄托并融入了我们对于中国财税改革与发展的理想追求。这些理想追求,既是发展变化的,更是在一以贯之的中国特色社会主义思想脉络下产生并逐步成熟的。它们不仅主导了既有的中国财税体制改革进程,而且必将继续引领未来的中国财税体制改革前行之路。由公共财政制度到建立现代财政制度,体现了与中国社会发展变革相协调的新一轮财税体制改革的阶段性特征。

一方面,现代财政制度是立足于全面深化改革的历史背景,与转变经济发展方式、建立公平统一市场、社会主义法制体系和公共服务均等化等改革目标相互渗透,都是在广泛借鉴包括典型市场经济国家在内的当今世界财税体制的一般规则和基本做法,立足于我国国情所做的总体改革部署。这些改革思维与改革开放以来围绕财税体制改革目标而进行探索并建立的公共财政制度相一致。无论是财政收支体制改革抑或政府间财政关系改革,也无论是仅涉及局部调整的改革还是牵动全局的改革,都是基于时代背景下的财税体制改革,都是当今世界范围内现代财政制度的一般形态。其中,既有典型市场经济体制国家的成功做法,也有体制转轨国家的经验教训,当然也包括中国自身财政改革与发展过程中所积累下的深刻体会。因此,只有跟随人类文明发展历程,顺应不同时期政治经济形势以及国家发展全局的需要,财政治理效能的改革才能得以持续深化。

另一方面,现代财政制度与公共财政制度相比,其基点是治理,如果说公共财政是与市场经济相适应的财政,那么现代财政制度就是治理财政,目标是发挥其在国家治理中的基础和重要支柱作用,是公共财政制度目标的深化与提升。由此看来,现代财政制度是建立在公共财政制度思想基础上对财税体制改革提出更高的要求,脱离财政的公共性与经济性的局限定位,让财政融入并覆盖包括经济、政治、文化、社会和生态文明各个领域的国家治理范畴,其演变的内在逻辑与国家治理目标相匹配,基于此的财政制度依托基础也将经历从企业到整体经济,再到整个社会的转变。

## 第二节　现代财政制度的基本内容

### 一、现代财政制度的三个基本内容

就财政制度的一般而言,其都包括中央和地方财政关系、预算制度和税收制度这三个基本内容。不同的是,现代财政制度在这三个基本内容上都凸显了"财政是国家治理的基础和重要支柱"的财政定位,并且现代财政制度与坚持和完善中国特色社会主义制度、推进国家治理体系和治理能力现代化、推进全面依法治国等相契合。

党的十八届三中全会通过的《中共中央关于全面深化改革若干重大问题的决定》中首次提出了"建立现代财政制度",并对具体内容和要求从预算管理制度、税收制度、中央和地方财政关系三个方面作出了较详细的表述。党的十九大报告指出,中国特色社会主义已经进入了新时代,建立现代财政制度也根据新时代要求有新的部署。党的十九大报告中对"加快建立现代财政制度"的内容表述是画龙点睛式的:要"建立权责清晰、财力协调、区域均衡的中央和地方财政关系。建立全面规范透明、标准科学、约束有力的预算制度,全面实施绩效管理。深化税收制度改革,健全地方税体系"。[①] 党的十九届五中全会通过的《中共中央关于制定国民经济和社会发展第十四个五年规划和二〇三五年远景目标的建议》中提出"建立现代财税金融体制",其中关于财税

---

① 习近平:《决胜全面建成小康社会　夺取新时代中国特色社会主义伟大胜利——在中国共产党第十九次全国代表大会上的报告》,人民出版社 2017 年版,第 34 页。

体制的表述为"加强财政资源统筹,加强中期财政规划管理,增强国家重大战略任务财力保障。深化预算管理制度改革,强化对预算编制的宏观指导。推进财政支出标准化,强化预算约束和绩效管理。明确中央和地方政府事权与支出责任,健全省以下财政体制,增强基层公共服务保障能力。完善现代税收制度,健全地方税、直接税体系,优化税制结构,适当提高直接税比重,深化税收征管制度改革。健全政府债务管理制度"。① 比较可以发现,党的十八届三中全会部署的建立现代财政制度的内容中,预算制度改革居首,税收制度改革次之,然后是关于中央和地方财政关系的改革要求;党的十九大报告中对这三者的表述排序作了调整,中央和地方财政关系改革被排在了首位,预算制度和税收制度改革分别放在第二位和第三位;而党的十九届五中全会则将预算制度放在第一位,中央和地方财政关系放在第二位,税收制度放在第三位;党的十九届六中全会将预算制度、中央和地方财政关系分别放在第一位和第二位,而将现代税收制度从现代财政制度中分离出来,放在第三位。该表述的变化,传达出的是新时代下,建立现代财政制度三方面改革在不同阶段的重点、难点和突破点。

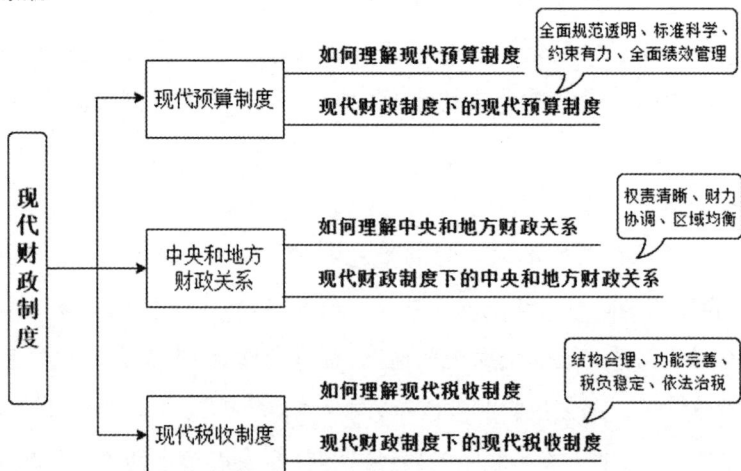

图 2-1 现代财政制度的组成

---

① 《中共中央关于制定国民经济和社会发展第十四个五年规划和二○三五年远景目标的建设》,人民出版社 2020 年版,第 19 页。

## 二、现代预算制度

(一)如何理解预算制度

预算制度可以从不同角度来理解。

1. 从制度基础上看,政府预算是具有法律约束效力的文件

政府预算在经济和技术层面上看是政府收支对比的计划表,是现代经济社会配置资源的机制。通过政治程序确定的预算,首先决定整个社会资源在各部门之间配置的比例和结构,其次决定财政配置资源的规模和方向。而就现代预算制度而言,其更加注重的是预算过程的法定性及预算文件的法律约束效力。

政府预算不是普通的收支计划,经过立法机构批准的政府预算本质上具有法律约束力。政府预算的形成过程实际上是国家立法机构审定预算内容和赋予政府预算执行权的过程,即政府必须将所编预算提交国家立法机构批准后才能据以进行财政活动。各国宪法一般规定,政府预算经立法机构批准公布后才具有法律效力,政府必须不折不扣地贯彻执行,不允许有任何不受预算约束的财政行为。在预算执行中由于客观情况的变化必须调整修改预算,也必须经过一定的法律程序;紧急情况的处理要补报审批手续。因此,政府预算是纳税人(公众)通过立法机构对政府行政权力的约束和限制,是立法机构对政府作出的授权和委托,政府行政机构对立法机构及其代表的社会公众负有法律责任,即政府活动内容和过程要受到法律及立法机构的严格监督和制约。

必须构造控制政府预算机制的深刻原因在于:具有独立财政权利的纳税人担负着政府的财政供应,就必然要求控制政府的财政,以政治、法律程序保证政府收支不偏离纳税人利益,保障个人的财产权利不受政府权力扩张的侵犯。如果没有预算约束,或预算没有法律约束效力,政府官员就不会对公共资金的使用后果承担责任,公共资金就不会基于公众的利益而合理、有效和正当地使用,就不可避免地出现效益低下,或贪污、腐化、挥霍、滥用。因此,政府要通过对公共资源的分配,为社会提供一定的公共

产品和服务,这种以政治决定为基础的控制政府活动的系统就是预算或预算制度。

2. 从制度依据上看,预算是通过公共选择机制决定的结果

政府预算由决策编制、审议通过、执行实施、决算审计、绩效评价等一系列环节组成,通过这些环节保证政府财政活动能够满足公共利益及需要。而这一过程的实质是公共选择机制。

预算的决策编制是公共利益的发现过程。即预算的提出和协调,首先是在对国内外的经济、政治和社会形势作出分析、评估和预测的基础上,发现社会需求的主要矛盾和问题,进而通过一定的政治程序提出政府的施政任务和目标。政府财政部门据此提出预算指导方针和技术要求,政府各支出部门据此提出预算请求,并排列出先后次序。财政部门在行政机构的领导下进行多方的充分协调,按重要性或紧迫性排序,形成预算草案提交给立法机构讨论。

预算的审查批准是公共利益的继续发现和确认的过程。即立法机构对政府提交的预算草案进行辩论、听证、修改、宣读、投票批准等,实质是公共利益的继续发现和确认过程,公众代表和党派团体在讨论中表述各自的财政意愿,反映各自所代表的阶层或利益集团的要求,最后在达成利益共识的基础上批准预算,公众利益被最后确认。

预算的实施和完成是公共利益的实现过程。即预算实施要依据严格的程序和制度约束:各支出部门的领导对使用的资金负责,财政部门对其进行审核后批准拨款,按照政府采购、国库集中支付、执行情况报告、绩效评价等制度,最终执行结果要经过审计部门的审计,审计结果及其详细的说明材料以及绩效情况报立法机构确认,并向社会公布。

3. 从制度实施上看,政府预算是反映政府集中支配的财力的分配过程

从政府预算的内容上看,各项收入来源和支出去向体现了政府的职能范围,全面反映了公共财政的分配活动。一方面,政府通过预算的安排,采用税收和收费、政府性基金、国有资本经营收益、基金和收费、公债等手段参与国民收入的分配,把各地区、各部门、各企业及个人创造的一部分收入集中起来,形

成政府预算收入。集中收入的过程也反映和协调着各级政府之间、政府与部门之间、政府与企业及公民个人之间的分配关系。另一方面,通过预算安排,把集中的预算资金在全社会范围内进行分配,通过提供公共产品和服务以满足社会的公共需要。因此,政府预算收支体现着政府集中掌握的财政资金的来源、规模和流向及流量,预算分配规模和结构又直接反映并影响着经济和社会发展的规模和结构。

4. 从制度形式而言,政府预算是年度或跨年度政府财政收支计划存在的表现

政府预算是政府对年度或跨年度财政收支规模和结构进行的预计、测算和安排,是按国家的政策意图和制度标准将一定时期的财政收支分门别类地列入各种计划表格,通过这个表格反映一定时期政府财政收支的具体来源和使用方向。其典型形式是经过法定程序批准的年度收支计划。这个计划必须由政府行政首脑准备与提交;它必须是全面的、有清晰分类的、完整统一的、准确的、严密的、有时效和约束力的;它必须经过代议机构批准与授权后方可实施,并公之于众。

党的十八届三中全会提出要改进预算管理制度,实施全面规范、公开透明的预算制度。为适应国家治理现代化的需要,我国开始新一轮更加深入的预算制度改革。2014 年,新《预算法》的出台填补了绩效预算领域的法律空白,并从多方面对预算绩效管理提出了要求。为落实新《预算法》的要求,2015 年以来中央及地方各级政府出台了各类改革办法,积极探索创新模式。财政部先后出台《中央部门预算绩效目标管理办法》《中央对地方专项转移支付绩效目标管理暂行办法》,进一步规范了预算绩效目标管理。2018 年印发的《中共中央　国务院关于全面实施预算绩效管理的意见》,标志着全面预算绩效管理进入新阶段。这些预算改革都是致力于构建公共财政框架的载体,即现代预算制度,以实现与公共财政相对应的公共预算管理目标和原则。2021 年《国务院关于进一步深化预算管理制度改革的意见》对完善预算管理制度改革提出了更新的要求。

（二）现代财政制度下的现代预算制度：全面规范透明、标准科学、约束有力、全面绩效管理

现代预算制度是现代财政制度的基础。要按照全面规范透明、标准科学、约束有力、全面绩效管理的要求，建成现代预算制度。

全面规范透明，是要进一步提升预算的全面性、规范性和透明度。包括以下内容：推进全口径政府预算管理，全面反映政府收支总量、结构和管理活动。强化政府性基金预算、国有资本经营预算、社会保险基金预算与一般公共预算的统筹衔接，严控政府性基金项目设立，加大国有资本经营预算调入一般公共预算力度，加快推进统一预算分配权。深入实施中期财政规划管理，提高中期财政规划的科学性，增强对年度预算编制的指导作用。进一步完善跨年度预算平衡机制，严格规范超收收入的使用管理。坚持以公开为常态、不公开为例外，不断拓展预算公开的内容和范围，完善预算公开的方式方法，加强预决算公开情况检查，全面提高预算透明度，强化社会监督。

标准科学，是指要推动预算科学精准编制。包括以下内容：遵循财政预算编制的基本规律，根据经济社会发展目标、国家宏观调控要求和行业发展需要等因素，明确重点支出预算安排的基本规范。扩大基本支出定员定额管理范围，建立健全定额标准动态调整机制。深入推进项目支出标准体系建设，发挥标准对预算编制的基础性作用。加强预算评审结果运用，及时总结不同项目的支出规律，探索建立同类项目的标准化管理模式。

约束有力，是指要增强预算执行的刚性约束。包括以下内容：严格落实预算法，切实硬化预算约束。坚持先预算后支出，年度预算执行中，严格执行人民代表大会批准的预算，严控预算调整和调剂事项，强化预算单位的主体责任。严格依法依规征收财政收入。构建管理规范、风险可控的政府举债融资机制，明确各级政府对本级债务负责，增强财政可持续性。地方政府一律采取发行政府债券方式规范举债，强化地方政府债务预算管理和限额管理。层层落实各级地方政府主体责任，加大问责追责和查处力度，完善政绩考核体系，做到终身问责，倒查责任。

全面实施绩效管理，是为了提升财政资源的配置效率。紧紧围绕提升财

政资金使用效益,将绩效理念和方法深度融入预算编制、执行和监督的全过程,注重成本效益分析,关注支出结果和政策目标实现程度。绩效管理覆盖所有财政资金,体现权责对等,放权和问责相结合。强化绩效目标管理,建立预算安排与绩效目标、资金使用效果挂钩的激励约束机制。加强绩效目标执行动态监控。推动绩效评价提质扩围,提升公共服务的质量和水平,提高人民满意度。

### 三、中央和地方财政关系

#### (一)如何理解中央和地方财政关系

中央与地方政府间的财政关系是央地关系的重要组成部分,亦是我国政府关系的核心部分。妥善处理好这一层关系,既是一项政治任务,亦是一项历史使命,故而应该认真对待。处理好央地财政关系具有十分重要的意义。

为更好地理解央地财政关系,我们可以从以下角度来看。

首先,从历史背景来看,中国自古以来就表现出很强的"秩序依赖"性特点——在处理诸如"黄河治理"等重大问题方面,中央政府需要集中财政权力与收入,防控地方"离心"现象的出现。其次,从政体结构上看,国家有单一制和复合制之分。我国属于单一制国家,国家本身属于一个统一整体,但根据统治与管理的需要而把领土划分为若干个行政区域,而后由中央授予地方权力并据以建立起地方政权。故而,尽管我国在政治上更强调集权,但由于国土面积辽阔,"一把抓、一刀切"的治理方式必定导致管理上的低效甚至无效,因此中央需要划分一定的经济权力给地方从而调动其区域发展的积极性,而财政权力就是经济权力的主要组成部分。

事实上处理财政关系的关键,首先是要同时发挥好中央与地方政府的积极性,构建好激励相容的政府间财政关系。分税制改革以来,中央政府的宏观调控能力明显提高,地方政府积极性显著增强,央地财政关系的调整始终顺应不同时期政治和经济形势以及国家整体目标的需要,并以最大限度发挥中央和地方两个积极性为重要内容。充分发挥"两个积极性"的央地财政体制改革为市场经济发展提供了基础性激励和制度保障,对于发挥财政在国家治理体系中的基础和重要支柱作用具有重要意义。但是,这种积极性不仅要求我们考虑其对应范围,更要考虑各级政府衡量积极性的标准,即如何控制财政关系进而使积极性最大化。

我国首次提出合理划分事权是在 1993 年,《中共中央关于建立社会主义市场经济体制若干问题的决定》提出要推进财税体制改革,一是把现行地方财政包干制改为在合理划分中央和地方事权基础上的分税制,建立中央税收和地方税收体系;二是按照统一税法、公平税负、简化税制和合理分权的原则,改革和完善税收制度。① 1993 年 12 月 25 日,《国务院关于实行分税制财政管理体制的决定》颁布,决定自 1994 年 1 月 1 日起实行分税制财政管理体制,改革主要内容包括:一是合理划分中央与地方事权和支出,二是根据事权与财权相结合原则,合理分配中央与地方收入,按税种进行划分。此后,1998—2012年我国逐步构建起公共财政体制。2012 年,党的十八大召开,提出我国已进入全面建成小康社会的决定性阶段,要确保到 2020 年实现全面建成小康社会的奋斗目标。为此,要全面深化经济体制改革,财政方面,要"加快改革财税体制,健全中央和地方财力与事权相匹配的体制,完善促进基本公共服务均等化和主体功能区建设的公共财政体系,构建地方税体系,形成有利于结构优化、社会公平的税收制度"。这一年是具有重大转折意义的一年,延续多年的中国经济发展速度、结构和动力格局发生了重大变化,改革开放进入攻坚期和深水区。2013 年 11 月,党的十八届三中全会召开,通过了《中共中央关于全面深化改革若干重大问题的决定》。《决定》提出提高市场在资源配置中的地位,从发挥市场在资源配置中的"基础性作用",到要紧紧围绕"使市场在资源配置中起决定性作用",建设统一开放、竞争有序的现代市场体系,深化经济体制改革。财政方面,要深化财税体制改革,并首次提出"建立现代财政制度"。

2017 年党的十九大报告强调"加快建立现代财政制度,建立权责清晰、财

---

① 《中共中央关于建立社会主义市场经济体制若干问题的决定》,人民出版社 1993 年版,第 15 页。

力协调、区域均衡的中央和地方财政关系"。2019 年党的十九届四中全会通过了《关于坚持和完善中国特色社会主义制度　推进国家治理体系和治理能力现代化若干重大问题的决定》，对中央事权提出了应遵循的原则，"加强中央宏观事务管理，维护国家法制统一、政令统一、市场统一"；同时就需要加强的重点事项做了列举，"适当加强中央在知识产权保护、养老保险、跨区域生态环境保护等方面事权"。2021 年党的十九届六中全会通过了《中华人民共和国国民经济和社会发展第十四个五年规划和 2035 年远景目标纲要》，进一步强调"建立权责清晰、财力协调、区域均衡的中央和地方财政关系，适当加强中央在知识产权保护、养老保险、跨区域生态环境保护等方面事权，减少并规范中央和地方共同事权"。因此，构建财权与事权相适应、财力与支出责任相匹配的分税分级体制，是适应社会主义市场经济体制和治理体系现代化的要求。

（二）现代财政制度下的中央和地方财政关系：权责清晰、财力协调、区域均衡

科学规范的中央和地方财政关系，要求中央与地方必须具有清晰的财政事权和支出责任划分，并在事权和支出划分基础上，要求形成中央与地方合理的财力格局。在财政关系的构建中，权责清晰是前提，财力协调是保障，区域均衡是方向。

权责清晰，就是要形成中央领导、合理授权、依法规范、运转高效的财政事权和支出责任划分模式。在处理好政府和市场关系的基础上，按照体现基本公共服务受益范围、兼顾政府职能和行政效率、实现权责利相统一、激励地方政府主动作为等原则，加强与相关领域改革的协同，合理划分各领域中央与地方财政事权和支出责任，成熟一个、出台一个，逐步到位。及时总结改革成果和经验，适时制定、修订相关法律、行政法规。同时，合理划分省以下各级政府财政事权和支出责任，适合哪一级政府处理的事务就交由哪一级政府办理并承担相应的支出责任，省级政府要加强统筹。

财力协调，就是要形成中央与地方合理的财力格局，为各级政府履行财政事权和支出责任提供有力保障。结合财政事权和支出责任划分、税收制度改革和税收政策调整，考虑税种属性，在保持中央和地方财力格局总体稳定的前

提下,科学确定共享税中央和地方分享方式及比例,适当增加地方税种,形成以共享税为主、专享税为辅,共享税分享合理、专享税划分科学的具有中国特色的中央和地方收入划分体系。因地制宜、合理规范划分省以下政府间收入。同时,继续优化转移支付制度,扩大一般性转移支付规模,建立健全专项转移支付定期评估和退出机制,研究构建综合支持平台,加强转移支付对中央重大决策部署的保障。

区域均衡,就是要着力增强财政困难地区兜底能力,稳步提升区域间基本公共服务均等化水平。从人民群众最关心、最直接、最现实的主要基本公共服务事项入手,兼顾需要和可能,合理制定基本公共服务保障基础标准,并适时调整完善。根据东中西部地区财力的差异状况、各项基本公共服务的属性,规范基本公共服务共同财政事权的支出责任分担方式。按照坚决兜住底线的要求,及时调整完善中央对地方一般性转移支付办法,提升转移支付促进基本公共服务均等化效果。省级政府要通过调整收入划分、加大转移支付力度,增强省以下政府基本公共服务保障能力。

## 四、现代税收制度

### (一)如何理解现代税收制度

一个国家的税收制度就是通过纳税人、课税对象、税率等税制要素的设计来确定谁来纳税、应纳多少税、按什么方式计算应纳税款等问题。最终决定企业、公民创造的资财在满足"私人需要"和"共同需要"之间的分配比例与方式。税制改革就是对分配比例与方式的调整,以期获得全社会资源配置的更大效益。

现代税收制度是现代财政制度的第三大基本组成部分,它是指一国税制随时间与经济社会环境变化而不断进步、不断优化,并形成具有新旧交替特点的成果,在国家治理中起着基础性和重要支柱性、保障性的作用。改革开放以来,税制改革作为我国全面深化改革的重要组成部分,取得了显著成效,发挥了税收在激励企业创新、促进节能环保、调节收入分配、推动对外开放等方面的积极作用。党的十八届三中全会对财政赋予了国家治理的新使命,地方税体系作为现代税收制度与中央和地方财政关系的"交叉领域",理应超越财力层面,延展和上升到治理层面并有所担当。习近平总书记在中国共产党十九大报告中指出,要深化税收制度改革,健全地方税体系。"十三五"规划纲要明确提出建立现代财税体制,是我国财税制度由弥补市场不足到嵌入国家治理各个环节的定位拓展与视阈拓展,也是我国税收百年历史下的又一征程。党的十九届四中全会提出"健全以税收、社会保障、转移支付等为主要手段的再分配调节机制,强化税收调节,完善直接税制度并逐步提高其比重"。2019年10月,国务院出台的《实施更大规模减税降费后调整中央与地方收入划分改革推进方案》(以下简称"推进方案")提出,消费税征收环节后移,并稳步下放地方。"十四五"时期将更好发挥财政作为国家治理的基础和重要支柱作用,完善现代税收制度,进一步健全地方税体系,逐步扩大地方税征管权。

党的十九届五中全会作出重要部署,提出完善现代税收制度。现代税收制度的改革与优化,不仅关系到国家稳定、持续的发展,更关系到每一个企业与公民个人的现实利益。正如高培勇所说:"税收不仅事关人民的物质文化需要,而且牵动人民的美好生活需要",要"从满足人民美好生活需要的高度定位税收"。[①] 新时代的现代税收制度,已牵动经济、政治、社会、文化和生态文明等所有体制改革联动过程,现代税收制度必须用与新发展格局相匹配的新理念、新思想、新战略、新观点、新方法进行改革,发挥现代税收应有的作用。

(二)现代财政制度下的现代税收制度:结构合理、功能完善、税负稳定、依法治税

深化税收制度改革的目标是形成税法统一、税负公平、调节有度的税收制度体系,促进科学发展、社会公平和市场统一。重点要推进以下几个方面的改革:完善税制结构,逐步提高直接税比重、完善间接税体系;健全地方税体系;落实税收法定原则,提升税收立法级次,完善税收法律制度框架。

结构合理,就是要完善地方税种,加强地方税权,适当提高直接税比重,完善间接税体系;要平衡减税降费与财政收入保障,尽快补齐养老服务、环境保

---

① 高培勇:《新时代中国税收的主题和使命》,《税收经济研究》2020 年第 3 期。

护等方面的税收短板,制定并完善税收优惠政策,同时加快非税收入立法的进程,深化清理收费改革,继续推进费改税;要加强国际税收协调,提升我国税制的国际竞争力。

功能完善。党的十九届六中全会明确提出现代税收制度的完善路径,因此现代税收制度的功能完善主要体现在四个方面:调节收入分配、支持实体经济发展、健全地方税体系和推进现代化税收征管一体化。具体来说:调节收入分配,一方面要有较为完善的直接税体系,建立综合与分类相结合的个人所得税制度,优化税率结构,完善税前扣除,规范和强化税基,加强税收征管,充分发挥个人所得税调节功能;另一方面要有健全的间接税体系,按照税收中性原则,深入推进增值税改革,构建更加公平、简洁的税收制度。支持实体经济发展,就是要通过调整企业所得税等激励企业创新、激发市场活力。健全地方税体系,应调整税制结构,培育地方税源,加强地方税权,理顺税费关系,逐步建立稳定、可持续的地方税体系。推进现代化税收征管一体化,就要提高涉税信息数据掌控水平,加强对数字经济税收制度的研究。

税负稳定,就是要注重税收收入和其他财政收入的协调配合,建立宏观税负稳定、结构优化合理的财政收入体系,切实提升税收在实现高质量发展目标中的基础、支柱和保障性作用。要保证宏观税负整体稳定,强化财政收入资源统筹,同时巩固减税减费成果,使政府税收有效激发公民和企业活力。

依法治税,就是要按照依法治国原则,全面落实税收法定目标。一方面,按照党中央审议通过的《贯彻落实税收法定原则的实施意见》的要求,新开征税种,一律由法律进行规范;将现行由国务院行政法规规范的税种上升为由法律规范,同时废止有关税收条例。另一方面,稳妥推进房地产税立法及改革。党的十八届三中全会以来,党中央一直高度重视房地产领域的税收立法。房地产税关系到广大人民的切身利益,因此,按照"立法先行、充分授权、分步推进"的原则,推进房地产税立法和实施;对工商业房地产和个人住房按照评估值征收房地产税,适当降低建设与交易环节税费负担,逐步建立完善的现代房地产税制度。

# 第三节　现代财政制度的特征

纵观公共财政制度的发展趋势,现代财政制度相较于以往的财政制度凸显出"四性""四化"八个方面的特征。如果说"四性"体现了现代的"财政"特征,而"四化"则体现了财政的"现代"特征,二者相融合,形成了现代财政制度的特征。

图 2-2　现代财政制度的特征

## 一、全面性

财政是国家治理的基础和重要支柱,这一定位和目标的实现,首先要建立在财政体系自身的健全这一基础之上,支离破碎的财政管理会严重影响财政效率。全口径预算管理,加强不同子预算资金之间的统筹,就是其重要举措。建立政府综合财务报告制度,是财政收支管理、资产负债管理、现金管理等的基础。政府综合财务报告提供有利于财政管理所需的基础信息。

现实中,财政管理与专业管理还有不少混同,时代不同,财政管理权限理所应当回归财政。财政管理不能替代专业管理,专业的事仍然需要专业部门去做,财政所发挥的应是财力支持和保障作用。现代社会是一个非常复杂的系统,要满足治理现代化的要求,公共部门必须合理分工,各司其职,财政治理在其中应通过资金和政策等起到制度塑造和穿针引线的作用。

要实现财政的定位和目标并不容易,机构改革已经为这一目标的实现开了好头。未来仍应通过全面深化改革,为系统完备的财政制度的确立提供强有力的支撑。

## 二、公共性

现代国家的重要任务之一就是促进社会公平正义。让全社会都能共享经济发展的红利,是国家治理体系和治理能力现代化所应追求的最终目标。一个社会公平目标的实现,手段是多层次的,这就有了常见的初次分配、再分配和第三次分配的做法。在现代市场经济中,国民收入的初次分配主要是由市场来完成的。如果市场能够在初次分配中提供一个社会基本可接受的收入分配结果,那么主要由政府来进行的再分配任务就会轻松很多。中国不同于以私有制经济为基础的西方国家,有规模庞大的国有经济,这就意味着初次分配中国有经济要发挥作用。财政的出资人职责,决定了初次分配应有财政的责任。

致力于建立公平普惠的财政制度,最重要的是确定公平普惠的社会目标。作为一个发展中国家,中国所确立的目标不应超越发展阶段,要量力而行。接下来是相关制度的设计。当前,在初次分配中,垄断、不合理的规制等初次分配的结果与社会公平正义目标有一定的差距,这就要求做相应的改革,而这些改革都是需要财政支持的。在世界各国,财政在再分配中均发挥最主要的作用,特别是累进的个人所得税制,能够直接调节社会公平;财政支出中的社会保障支出,同样直接服务的是社会公平正义目标。第三次分配虽然不是财政亲力亲为,但财政对慈善捐赠等行为的鼓励,可以对其起到促进作用,从而更好地服务于社会公平正义目标的实现。

## 三、专业性

不同于传统财政制度下的统治,现代财政制度基于一整套专门的财政治理技术体系。政府预算既是政府收支的基本计划,提供政府活动的基本信息,又是联系政策与支出项目的纽带。科学的财政收入预测,是预算支出计划安排的基本依据,形成科学的财政收入预测方法体系,是现代财政制度建设的内容之一。财政支出安排应与政策目标一致,在提供公共服务的同时实现对经济周期的逆行调节。从财政管理上看,要形成现代化的国库管理制度,让国库集中收付制度的效率得到最大限度的发挥。随着计算机技术的普及和互联网的发展,财政管理依赖的决策信息取得途径在发生变化,取得成本在下降,财政管理的半径在缩小,因应互联网时代的需要,正成为现代财政制度建设的重要内容。

## 四、绩效性

2021 年财政预算报告较为具体地提到了进一步落实全方位、全过程、全覆盖预算绩效管理。财政绩效评价是全过程预算绩效管理链条中的关键环节,是推动提高财政资金使用效益、落实"过紧日子"要求的重要手段。全面深化改革最终都要落实到绩效上来。

一是绩效预算讲求成本核算。按照经济性、效率性、效益性和公平性原则,明晰资金绩效目标,以结果为导向编制预算,坚持通过成本核算加以评价,极大程度上降低了行政运行成本,让许多国家切实看到了与传统预算相比带来的好处,目前一些国家正在坚持努力使绩效预算更有效发挥作用。二是绩效预算资金配置科学。支出绩效预算审查是对支出的经济性、效益性和效率性进行系统性审查,对低效无效或不必要的公共产品或服务支出政策进行削减,从而确定节支措施的交易成本。在推进财政支出标准化的基础上,对所有政府支出开展"综合审查",通常与政治周期挂钩,为新政府提供重新分配资源的机会。同时,对部门和项目层面较小规模支出开展"具体审查",旨在重新确定支出优先次序。三是绩效预算有利于政府治理。通过制度使预算部门和单位负责任地达到项目预期成果,能够提高纳税人对政府的信心。通过项目绩效预算编制改革,设定项目目标,按照目标衡量项目的绩效、公开报告进度,倒逼决策者及时矫正偏差。而且,将关注重点放在成果、服务质量和用户满意度等方面,可以改善项目效果和质量。

## 五、法治化

党的十八届四中全会首次以全会的形式专题研究部署全面推进依法治国这一基本治国方略,审议并通过了《中共中央关于全面推进依法治国若干重大问题的决定》。依法治国成为新常态下我国推进社会经济体制改革的基础和前提条件,政府行为法治化则是重中之重。中国政府行为要法治化,重点体现在财政活动的法治化和约束力。只有政府行为法治化、财政活动法治化,才能保证公共资源的配置决策科学、合理。

首先,政府行为法治化是实现国家治理现代化的必然要求。国家治理体系和治理能力现代化强调国家的治理职能,而非以往的规制和管制职能,这是新时期对政府职能的重新定位和全新认识。治理能力现代化要求政府制定出健全的法律法规、完备的法律运行机制,以此实现通过法律体系来治理市场经济的运行。因此,法治化是实现政府职能转变,构建社会主义市场经济交易制度和运行体系的国家治理现代化的必然要求。

其次,财政法治化是政府行为法治化的重要表现。作为政府活动的重要组成部分,财政活动是政府参与社会经济职能的主要经济行为体现。从财政资源的来源来讲,财政资金是政府从社会生产活动中无偿占有的一部分国民收入,因此财政资金的安排必须具有公益性和社会性,不得私人占有,因此,需要法律体系来规范政府的收支行为。最后,就资金用途而言,财政资金一方面用于维持国家机构的正常运作和职能发挥;另一方面是实现社会资源的再分配职能,因此涉及资金安排等支出决策必须法治化,约束作为代理人的政府官员的个人理性思维和参与寻租活动的倾向,对政府财政活动的监督和约束是规范政府行为的关键环节。

## 六、透明化

一方面,政府财政收支的公开透明对依法治国具有重要意义。随着社会经济的发展,政府的权力与规模开始不断扩张,已经不再局限于"守夜人"的角色,如今政府的职能已经涉及我们生活的方方面面,政府的财政收入与支出也几乎占据了一个国家经济总量的四分之一。在此情况下,打破原有的制度安排,重塑利益结构,我国政府预算必须由封闭走向公开透明,加大对政府决策信息的监督力度,将政府权力关进法律的笼子里,防止政府滥用行政权力与财政资源极其重要。将财政资金的来源和用途最大限度地曝光在公众的"目光"下,这对预防和治理政府腐败,建设法治政府、阳光政府有重要的意义。

另一方面,政府预算编制的公众参与性和信息公开透明是建立现代财政制度的基石,也是推进财政管理科学化的重要途径。公共财政的"公共"属性要求政府财政决策行为符合市场需要,真正反映公众的意愿和偏好。增强政府财政管理的透明度,有利于提高政府管理效率,提高政府决策水平,提高政府的执政能力和公信力,对推动现代财政制度发展具有重要的现实意义。

## 七、民主化

公民的知情权、参与权、表达权和监督权是我国宪法赋予每一位公民的基本政治权利,也是党的十八大所强调的发展民主政治的重要内容。公开和参与是构成现代民主的两大要素,公开是参与的前提,同时也是公民预算知情权、监督权的基本保障。政府预算信息公开透明,使公众能够直接、便捷地掌握政府财政运行情况,了解财政资金使用的效率,在保障公民知情权的同时也为公众参与到国家治理提供了充足的信息资源。有助于公众对政府的监督,也有助于推进社会主义现代民主政治的发展,对保障公民知情权、参与权、表达权和监督权具有重大的意义。现代财政制度中的"现代性"深刻体现了人民当家作主、让人民深度参与财政决策的制度要求和以人民为中心、竭力为人民服务的制度内涵。

## 八、规范化

推进现代国家治理必须遵循历史规律,尊重科学。确立现代财政制度目标也是立足国情、参考国际经验所提出的。因此,我们必须遵循历史发展的普遍规律,珍重人类文明的共同财富。

现代财政制度应该是一整套行之有效的专门治理技术。这样的专门治理技术随着数百年来市场经济的成长而发展,解决了人类经济社会中的许多难题,并相应推进了现代国家的形成和发展。现代国家不是停滞不前的,随着技术进步,经济社会也将发生相应的变化,因此,财政治理技术应能满足动态治理的需要。改革开放以来,我们一直在大胆改革和借鉴他国经验,探索适合国情的财政制度。如确立了以税收收入为主的财政收入结构,向现代税收国家迈进;税收制度不断科学规范;预算管理制度越来越规范,预算透明度不断提高,预算管理绩效也有了相应改善;在中央和地方财政关系的规范上,分税制财政管理体制改革目标已经确立,分级财政理念已经深入人心,财政事权划分改革不断推进,政府间财政关系日趋完善。

## 第四节　建立现代财政制度的意义

从党的十八届三中全会首次提出建立现代财政制度的命题并作出系统部署,到党的十九大发出加快建立现代财政制度的号令,再到十九届四中全会将现代财政制度纳入中国特色社会主义制度"图谱"、从制度建设意义上加以拓展和深化,迄今我们围绕建立现代财政制度所走出的基本轨迹,不仅历史逻辑一脉相承,而且目标指向一以贯之,始终保持了与时俱进的创新状态。因此,建立现代财政制度不仅是纵深推进财税体制改革的重要举措,同时也是我国全面建设社会主义现代化国家的制度保障,是推进国家治理体系和治理能力现代化的应有之义。

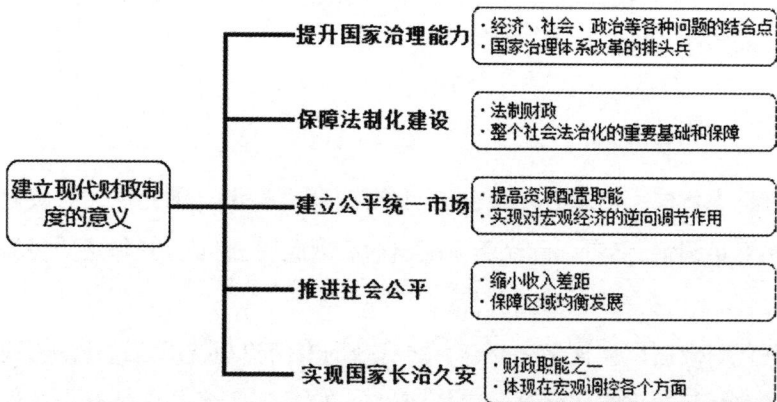

图 2-3　建立现代财政制度的意义

## 一、建立现代财政制度有利于提升国家治理能力

党的十八届三中全会在《中共中央关于全面深化改革若干重大问题的决定》（以下简称《决定》）提出全面深化改革的总目标——"完善和发展中国特色社会主义制度，推进国家治理体系和治理能力现代化"。"国家治理"一词第一次写入改革的总目标中。《决定》指出，"到二〇二〇年，在重要领域和关键环节改革上取得决定性成果"，"形成系统完备、科学规范、运行有效的制度体系"①，即在十八届三中全会后的七年内要实现国家治理体系的现代化。习近平强调，"今天，摆在我们面前的一项重大历史任务，就是推动中国特色社会主义制度更加成熟更加定型，为党和国家事业发展、为人民幸福安康、为社会和谐稳定、为国家长治久安提供一整套更完备、更稳定、更管用的制度体系。这项工程极为宏大，必须是全面的系统的改革和改进，是各领域改革和改进的联动和集成，在国家治理体系和治理能力现代化上形成总体效应、取得总体效果"②。

财政是经济、政治、社会各种问题的结合点。建立现代财政制度，可以夯实国家治理的基础，提高国家治理能力，有利于国家治理能力的现代化。建立现代财政制度，是国家长治久安的基础。财政制度与国家治理能力相辅相成。不同的财政制度，体现不同的国家治理能力。例如，税收征管的现代化程度与税收制度设计有关。财政是国家治理的基础和重要支柱。发达国家都建立起现代财政制度。财政也是政府运行的经济基础，财政收入、支出、预算是政府通过经济手段进行国家治理的重要手段。现代财政制度要求财政收入、支出和预算制度更加科学有效，更有利于政府职能实现和国家治理能力的提高。

1980—1920 年，美国建立了现代国家的一系列制度基础，特别是建立了现代财政制度。在收入方面，引入了个人所得税和公司所得税；在支出方面，建立了现代预算制度。从收入和支出两方面进行改革，确立了调节收入分配

---

① 《中国共产党第十八届中央委员会第三次全体会议文件汇编》，人民出版社 2013 年版，第 23 页。

② 《习近平谈治国理政》第一卷，外文出版社 2018 年版，第 104—105 页。

的法定机制,同时倡导政府活动的透明度,有效地遏制了腐败行为,改善了政府与民众的关系,缓解了社会矛盾,提升了国家治理能力。因此,相对于其他政治体制改革,财税体制改革给企业、个人的改革红利最为具体,是推进政治体制改革的最佳手段。

## 二、建立现代财政制度有利于保障法治化建设

现代财政制度是法治财政。所谓法治财政是指将法律法规作为财政各项事业的最高准则,各级财政部门在法律法规的授权范围内开展工作和实施管理,并形成各类社会组织和民众自觉而普遍的守法环境。依法理财是法治财政在执法领域的重要表现,也是各级财政行政部门开展工作的基本准则。在构成上,法治财政包括四个完备又相互独立的体系,即完善的财政法律法规及规范体系、高效的财政法治实施和运行体系、严密的财政法治监督和检查体系、有力的财政法治保障和促进体系。科学规范的现代财政体制必须建立在完善的法制体系基础之上,各项财政决策要做到有章可循、有法可依。依据财政法制建设的具体内容,财政决策的法制化包括预算决策法制化、税收决策法制化以及管理决策法制化等,通过对财政领域各个环节决策实行全面的民主化法制化管理,切实保障政府财政活动的公开透明与规范高效。通过法治财政,将政府的行为纳入法治框架,将权力关进制度的笼子,是整个社会法治化的重要基础和保障。

党的十八大报告提出,"依法治国是党领导人民治理国家的基本方略,法治是治国理政的基本方式"。新中国成立 70 年来的财税体制改革历程,亦是一个从初期艰难探索到在改革中渐进转型然后全面走向法治规范的过程。无论是促进预算制度改革,还是深化税收制度改革,还是推动中央和地方政府间财政关系良性发展,各个领域的改革都体现了政府与市场的关系的妥适处理,从计划经济时代的行政管理渐进迈向市场经济时代的法治治理,开始成为加快建立现代财政制度的理念核心。在计划经济主导的国家财政分配时期,财税体制的推行往往是非长期性的管制性政策探索,财税改革和法制建设尚未进入现代意义的法治化阶段;随着社会主义市场经济体制的确立,以制度约束

和刚性调控为特点的分税制改革使得我国财政法治步入了基础性的制度规范化阶段;而随着中国特色社会主义建设进入新时代,科学规范和法治治理成为新一轮财税体制改革的主要思维和主要方式,财税体制改革全面步入法治化轨道。党的十九大报告指出,"推进科学立法、民主立法、依法立法,以良法促进发展,保障善治"。着眼未来,我国财税体制改革面临着新的历史契机,需要牢牢把握新的社会发展要求,必须加快全面深化改革步伐,完善财税体制机制,加强财政法治建设,更好地发挥财政在国家治理中的基础和支柱作用。

### 三、建立现代财政制度有利于公平统一市场的形成

市场半径的大小,直接决定着市场作用发挥的大小。分割的市场不利于专业化分工,不利于各地比较优势的发挥。"公平统一市场"至少有三层含义。一是商品和劳务的自由流通,即要让所有资本、管理、人才等市场要素,能够充分地发挥能力。二是各类经济行为主体的制度待遇要公平。三是要清除市场壁垒,提供公开透明的市场规则。公平统一是市场经济在资源配置中的要求,一个公平统一的市场才是一个更有生命力的市场,才能最大限度地发挥各市场主体的积极性,更好地促进经济发展。

资源配置是财政的职能之一。公平统一的市场有利于提高资源配置职能。现代财政制度(收入、支出、预算)是与现代市场经济一致的,要求有利于建立公平统一的市场。而在这方面现代财政制度一方面可以减少对其不利影响,另一方面在促进统一市场建立中可以发挥重要作用。现代财政制度的建立有利于资源配置效率的提高。提高经济效率,关键是让市场在资源配置中的决定性作用得到充分的发挥。市场在资源配置中发挥作用的合理与否,关系市场经济的成败。现代财政制度的建立,致力于市场的平等竞争环境的形成,鼓励各种市场主体积极性的发挥,特别是通过简政放权,释放民间资本的活力。

财政是国家治理的重要经济手段。要实现国家治理的目标,就必须改变以往的"管理"思维,摒弃以行政手段为主,而应更多采取经济手段、法律手

段,这样才有利于理顺政府与市场的关系,使市场在资源配置中起决定性作用。

## 四、建立现代财政制度有利于推进社会公平

党的十八大以来,围绕推进国家治理体系和治理能力现代化,中央全面深化财税体制改革,财政制度作为基础性的经济要素和规则设计,开始纳入国家迈向现代化的治理全局中,通过合理的财政政策促进经济永续发展和社会公平的增进。现代财政制度的建设有利于促进社会公平正义目标的实现。市场失灵会导致收入分配扩大,其中包括居民间、城乡间、区域间等,不利于实现社会公平。市场失灵需要政府职能加以调整和校正。其中财政制度是市场经济国家缩小收入分配差距的一项重要制度。党的十八大指出:"加快健全以税收、社会保障、转移支付为主要手段的再分配调节机制。"可以说财政手段是政府手中最直接、最有效的调控工具。现代财政制度必然是一个具有良好的调节收入分配功能的财政制度。虽然目前,我国还存在税收制度逆向调节、财政支出中一般转移支付比重较低、社会保障制度不健全等问题,但随着现代财政制度的日益推进与完善,一个有利于实现社会公平的财政制度必将成为现代财政制度的重要标志。

可以看出,党在不同时期对财政体制所领导进行的改革创新,是囿于一定的社会历史条件所作出的制度性安排,尝试通过探索央地权责关系最佳平衡点以实现优化公共资源配置目标。在居民收入分配差距上,近年来,财政在优化社会收入分配格局,保障和改善民生等方面持续发力,财政职能特性呈现明显的由失衡性增长向包容性发展的变化趋势,日益注重人民群众对社会经济发展成果的共享性。在群体分配关系方面,通过税制改革,建立规模庞大、制度完善的社会保障体系,以及实施脱贫攻坚和乡村振兴战略等财政政策措施,切实保障低收入群体的福利水平。长期以来,在坚持效率优先的市场经济发展准则下,由于资源禀赋条件的差异,我国居民收入分配差距不断扩大,并通过代际传递的方式,形成了明显的财富差距,这对于推动构建公平合理的社会收入分配体系极为不利。在倡导建立公平可持续的现代财政治理体系下,我

国运用多种财政手段集中力量着力解决社会贫困问题,努力缩小居民收入分配差距。2021 年《中华人民共和国国民经济和社会发展第十四个五年规划和 2035 年远景目标纲要》中将"民生福祉达到新水平"确定为"十四五"时期经济社会发展主要目标之一,要求在新时期背景下巩固拓展脱贫攻坚成果,全面推进乡村振兴战略,向实现全体人民共同富裕的道路上迈出坚实步伐。这表明,作为社会民生事业建设的引领者,国家财政要继续发挥调控功能和保障作用,奋力维护社会公平正义。

在地区发展关系上,我国通过建立对口支援模式,实施西部大开发战略,振兴东北老工业基地等系列战略举措,致力于实现区域的均衡发展。中华人民共和国成立以来,中国区域经济发展经历了由低水平的区域均衡发展到区域非均衡发展,再到逐步实现高质量的区域协调发展的转变,区域间发展关系的变化深刻体现了我国经济社会结构从失衡到平衡的良性转型。在过去以经济建设为中心的发展情景下,我国集中资源优先发展部分地区和部分行业,希望通过"以点带面"的方式实现全面快速发展。从实践结果来看,这种偏向性的发展策略虽在推动提升我国整体经济实力方面发挥了积极作用,并形成了"长三角""珠三角"等多个现代经济圈,但伴随产生的城乡二元经济结构和地区间的发展差异也成了阻碍我国向更高水平更高质量社会发展的重要限制因素。自党的十六届三中全会首次将统筹区域发展纳入国家统筹工作以来,我国在追求整体经济增长效率的同时也更加注重发展的均衡性。新的时期,党立足于区域协调发展的新特征又作出了一系列重大部署,特别强调财政制度要在区域间基本公共服务供给、经济增长、民生保障等方面发挥更大作用,从而保障区域协调发展的全面性优质性。

在当前及未来,深化财税体制改革、建立现代财政制度对推进社会公平还有一个重要意义,就是为我国形成经济双循环格局架桥铺路,形成制度支撑。在改革开放过程中,我国财税体制改革承担着各项改革的"突破口"功能,之所以如此,是因为财政改革涉及各个主体的利益分配和风险配置关系调整,只有通过财政改革,才能为经济改革和发展奠定改革前提和基础。构建双循环新发展格局,也必须以财政改革为突破口,通过财政改革,形成经济双循环的重要制度基础。在内需拉动经济增长和创新驱动发展越发重要的情况下,消费需求提升和人力资本积累无疑是形成经济双循环格局的核心内容。从经济循环的角度看,消费需求的提升和人力资本积累都必须通过促进消费公平来实现,而只有深化财政改革,通过公共消费来对冲和弥补市场自发运行产生的消费差距,才能实现消费公平。

## 五、建立现代财政制度有利于实现国家长治久安

维护国家长治久安是财政的职能之一。党领导下的财税实践始终围绕财税体制改革而展开,为尝试建立更加协调平衡的央地财政关系不断创新实践,对于完善我国财政理论体系和促进经济社会稳定发展都起到了重要推动作用。财政自身的安全稳定,是其维护经济社会稳定的基础。现代财政制度必然是一个收支数量和结构合理,债务风险可控的财政制度。现代财政制度的建立还有利于促进宏观经济稳定。宏观经济调控目标包括充分就业、物价稳定、国际收支平衡和经济增长。就业是民生之本,直接关系社会稳定,经济稳定增长能够促进就业。我们不强调GDP(国内生产总值),不是要放弃GDP,而是要超越GDP。中国还是一个发展中国家,提高人民生活水平,没有一定的GDP增速是不行的。为了避免对就业等的剧烈冲击,财政的宏观调控要努力避免GDP的大起大落,要稳中求进。党的十八大以来,党领导下的各级政府日益关注社会民生问题,着重通过税收、转移支付以及社会保障等多种财政手段推动保障和改善民生。财政支出作为政府调控经济社会发展的重要方式,新时期的财政支出结构逐渐向民生领域倾斜,不断满足人民对教育、医疗、养老等基本公共服务的需求。财政支出的民生化彰显了现代财政制度"以人为本"的发展理念,展现了促使社会民生福祉达到新水平的美好愿景。此外,现代财政制度,需要合理地将相机抉择和自动稳定器功能设计于制度之中,以此来实现对经济社会的调控,发挥其在国家治理中的积极作用。如通过个人所得税改革,发挥其自动稳定器功能和调节收入分配的功能;如通过增值税分享制度的改革,改变地方政府行为;如通过多级政府间财政关系的完善,促进不同政府间相互合作又充分发挥各自积极性;如通过预算制度改革,加强纳税

人对政府的监督等,都是现代财政制度在实现国家长治久安方面的体现。

除此之外,"五位一体"总体布局需要财政的后盾支持。2012年党的十八大报告提出"五位一体"的总体布局。从经济、政治、文化再到社会和生态文明建设,财政这一国家政权"以政控财、以财行政"的分配体系都责无旁贷,需发挥重要的支撑和基础作用。第一,确保行政运转正常、政令畅通,财政是重要基础和坚强后盾。同时,财政还以其管理监督功能规范行政事业单位财务行为,促使行政事业单位提高资金使用效益,支持和保障行政事业单位完成其各项工作任务。第二,政府进行经济结构调整、转变经济发展方式的核心手段是通过财政来引导社会资本的投资领域和投资结构。第三,党的十八大报告强调"建设社会主义文化强国,关键是增强全民族文化创造活力"。文化事业是一项具有创造性的活动,无论是否具有经济收益,文化事业都在从事社会精神工作。加大财政对公共文化事业的投入,有利于意识形态的统一,是公共财政的社会回应性的具体表现。第四,发展和创新社会管理组织与模式,激发社会组织活力,实现政府调控和社会自我调节、居民自治良性互动,财政须发挥扶持、引导的重要作用。第五,加强生态保护既是我国粗放式发展中矛盾凸显带来的反思与改进,也是国际社会应对气候变化和资源环境危机因素的重要对策,事关局部与全局、当前与长远、人与自然和社会的共同发展。保护生态环境,财政要以财力后盾,支持促进环保产业发展,建立和完善环境税收体系、发展健全生态补偿机制、资源有偿使用制度,并配合产业结构调整、低碳绿色和循环经济发展等,积极优化相关财政政策。

总之,围绕基本实现国家治理体系和治理能力现代化和高质量发展要求,为全面建设社会主义现代化国家夯实现代财政制度基础,既是立足新发展阶段、贯彻新发展理念、构建新发展格局的必由之路,更是一项非完成不可的重大历史任务。

# 第三章 党的十八大以来我国财政体制的改革与完善

## 第一节 深化财政体制改革

党的十八届三中全会明确提出要深化财税体制改革、建立现代财政制度。这是全面总结古今中外历史经验、深刻把握国家治理与执政规律、着眼我国现代化建设全局作出的重大决策。

2014年7月中央政治局会议审议通过《深化财税体制改革总体方案》(以下简称《方案》),明确了深化财税体制改革的思路原则、目标任务和时间安排。

### 一、继承与重构,建立现代财政体制

《方案》明确提出,深化财税体制改革的目标任务是:按照完善和发展中国特色社会主义制度、推进国家治理体系和治理能力现代化的全面深化改革总目标,坚持稳中求进、改革创新,充分发挥中央和地方两个积极性,以改进预算管理、完善税收制度、明确事权和支出责任为重点,建立统一完整、法制规范、公开透明、运行高效,有利于优化资源配置、维护市场统一、促进社会公平、实现国家长治久安的可持续的现代财政制度,为实现两个一百年奋斗目标提供财税制度保障。

建立现代财政制度就是健全有利于优化资源配置、维护市场统一、促进社会公平、实现国家长治久安的科学的可持续的财政制度。总体上讲,现代财政制度在体系上应建立全面规范、公开透明的预算制度,公平统一、调节有力的

税收制度,中央和地方事权与支出责任相适应的制度;在功能上要坚持公共财政的定位,体现市场在资源配置中起决定作用和更好发挥政府作用的要求,不"越位"、不"缺位",发挥财政制度稳定经济、提供公共服务、调节分配、保护环境、维护国家安全等方面的职能;在机制上应符合国家治理体系与治理能力现代化的新要求,形成公开透明、权责对等、有效制衡、运行高效、可问责、可持续的制度安排。

## 二、牵一发动全身,深化财政体制改革

《方案》明确规定 2016 年基本完成深化财政体制改革重点工作和任务,2020 年基本建立现代财政制度。党的十八大至今,我国财政改革与管理稳步推进,现代财政制度建立的进程不断加快,财政部按照坚持和完善中国特色社会主义制度、推进国家治理体系和治理能力现代化的新部署新要求,着力固根基、扬优势、补短板、强弱项,在已确立的现代财政制度框架的基础上,继续深化财税体制改革,加快建立完善现代财政制度。

同时,我国稳步推进分领域中央与地方财政事权和支出责任划分改革,推动出台公共文化、生态环境、自然资源等领域改革方案,推动建立权责清晰、财力协调、区域均衡的政府间财政关系;全面实施预算绩效管理,加快构建全方位、全过程、全覆盖的预算绩效管理体系,推进绩效管理和预算管理深度融合,提高财政资源配置使用效率;深入推进预算公开,在前期工作的基础上,增加公开政府落实过紧日子要求压减支出情况,进一步提高预算透明度。落实税收法定原则要求,加快推动增值税、消费税、关税等税种的立法工作,全面贯彻党的十九大和十九届历次全会精神,加快建立与国家治理体系和治理能力现代化相适应的现代财政制度、更好地发挥财政在国家治理中的基础和重要支柱作用。

2020 年 8 月 3 日,国务院总理李克强签署第 729 号国务院令,公布修订后的《中华人民共和国预算法实施条例》,自 2020 年 10 月 1 日起施行,迈出了加快建立现代财政制度的坚实一步。全面贯彻党的十九大和十九届历次全会精神,严格遵循并贯彻落实修改后的预算法要求,与近年来推行的各项财政改革

相衔接,进一步健全完善预算管理体制机制,符合当前积极的财政政策要"提升效能"的要求,有利于全力做好"六稳"工作、全面落实"六保"任务,是我国预算法律制度体系建设的重要立法成果,为加快建立与国家治理体系和治理能力现代化相适应的现代财政制度、更好地发挥财政在国家治理中的基础和重要支柱作用提供了法治保障。

## 第二节　党的十八大至十九大期间的财政体制改革与优化

### 一、调整央地财政关系,匹配事权与支出责任

在深化现代财政体制的进程中,中央与地方财政事权和支出责任划分在一定程度上存在不清晰、不合理、不规范等问题。这种状况不利于充分发挥市场在资源配置中的决定性作用,不利于政府有效提供基本公共服务,与建立健全现代财政制度、推动国家治理体系和治理能力现代化的要求不相适应,必须积极推进中央与地方财政事权和支出责任划分改革。

我国国务院于 2016 年 8 月 24 日印发了《关于推进中央与地方财政事权和支出责任划分改革的指导意见》(以下简称《意见》),其出台标志着一直偏重收入侧的财政体制改革终于在支出侧取得实质性进展,体现着权责对等的宗旨,明确了财政事权和支出责任划分改革的主要内容,提出了分领域逐步推进改革的时间表。

(一)理顺央地关系,明确收入划分

1978 年改革开放以来,我国工作重心转移到经济建设上来,受此影响和1994 年分税制改革,中国经济进入高速发展期,财政收入连续 20 多年保持两位数增长。2013 年中国经济进入新常态,经济从高速增长转为中高速增长,财政收入也进入中低速增长。2013 年以来财政收入增速开始逐步放缓至个位数,2018 年全国财政收入同比增长 6.2%、2019 年为 3.8%、2020 年同比下降 3.9%、2021 年回升至 10%以上。可见,尽管受到新冠肺炎疫情的冲击,我

国财政收入增速出现了一定波动,但在经济体量和财政收入基数扩大之后,我国财政收入增速仍然保持在与国民经济相适应的区间,努力保持经济运行在合理区间。

中央与地方财政收入占最大比重的部分是税收收入,税收收入的央地划分状况很大程度上反映了财政收入的央地分配状况。中央政府与地方政府共享收入主要包括增值税、企业所得税、个人所得税、城市维护建设税、印花税等,其分配比例如下:(1)增值税:国内增值税中央政府分享50%,地方政府分享50%,进口环节由海关代征的增值税和铁路建设基金营业税改征增值税为中央收入。(2)企业所得税:国有邮政企业、中国银行股份有限公司等企业缴纳的企业所得税(包括滞纳金、罚款)为中央收入,其余部分中央政府分享60%,地方政府分享40%。[1](3)个人所得税:中央政府分享60%,地方政府分享40%。(4)城市维护建设税:各银行总行、保险总公司集中缴纳的部分为中央收入,其余部分为地方收入。(5)印花税:证券交易印花税为中央收入,其他印花税收入为地方收入。

2016年国务院按照党的十八届三中全会关于"保持现有中央和地方财力格局总体稳定,结合税制改革,考虑税种属性,进一步理顺中央和地方收入划分"的要求,同时考虑到税制改革未完全到位,推进中央与地方事权和支出责任划分改革还有一个过程,印发了《全面推开营改增试点后调整中央与地方增值税收入划分过渡方案》,与全面推开营改增试点同步实施,即自2016年5月1日起执行。过渡期暂定2—3年,届时根据中央与地方事权和支出责任划分、地方税体系建设等改革进展情况,研究是否适当调整。

虽然2018年实行国税地税征管体制改革,将省级和省级以下国税地税机构合并,具体承担所辖区域内的各项税收、非税收入征管等职责,国税地税机构合并后,实行以国家税务总局为主与省(自治区、直辖市)人民政府双重领导管理体制,但不同税种归属于中央财政还是地方财政或其分成比例并未改

---

① 《国务院关于明确中央与地方所得税收入分享比例的通知》,中华人民共和国国务院,2003年11月13日。

变。合并后,对税务局征收的税款,将根据不同的税种,通过税务信息系统实现中央和地方财政的划分。国税地税机构合并原则上不影响中央和地方的财政分享格局。国税地税合并完成后,中央财政收入占比约45%,宏观调控能力增强。

党的十八大至十九大期间,财政部、中央编办等有关部门组织、协调、指导、督促推进中央与地方财政事权和支出责任划分改革工作,各职能部门要落实部门主体责任,根据本指导意见,在广泛征求有关部门和地方意见的基础上,研究提出本部门所涉及的基本公共服务领域改革具体实施方案,至2020年基本完成改革。

2019年10月9日,为进一步理顺中央与地方财政分配关系,支持地方政府落实减税降费政策、缓解财政运行困难,按照党中央、国务院决策部署,国务院就实施更大规模减税降费后调整中央与地方收入划分改革制定印发了《实施更大规模减税降费后调整中央与地方收入划分改革推进方案》。主要改革措施为保持增值税"五五分享"比例稳定的同时,调整完善增值税留抵退税分担机制,后移消费税征收环节并稳步下划地方。实施更大规模减税降费是应对当前经济下行压力的关键之举,调整中央与地方收入划分改革是落实减税降费政策的重要保障。目前,地方财政收入增速大幅放缓,但保民生、稳增长等多方面的支出压力并没有减弱。此次推出的改革举措,一方面,能够有效缓解地方尤其是财政运行困难地区的收入压力,增强地方应对减税降费的能力,确保减税降费政策继续稳步推进;另一方面,有利于推动区域财力均衡发展,进一步理顺中央与地方财政分配关系。

(二)优化财力分配,明确央地事权

合理划分中央与地方财政事权和支出责任是政府有效提供基本公共服务的前提和保障,是建立现代财政制度的重要内容,是推进国家治理体系和治理能力现代化的客观需要。

《意见》指出,财政事权是一级政府应承担的运用财政资金提供基本公共服务的任务和职责,支出责任是政府履行财政事权的支出义务和保障。

总体来看,我国财政事权和支出责任划分为坚持党的领导、人民主体地位、依法治国提供了有效保障,调动了各方面的积极性,对完善社会主义市场经济体制、保障和改善民生、促进社会公平正义,以及解决经济社会发展中的突出矛盾和问题发挥了重要作用。

《意见》还指出改革应该兼顾政府职能和行政效率。结合我国现有中央与地方政府职能配置和机构设置,更多、更好发挥地方政府尤其是县级政府组织能力强、贴近基层、获取信息便利的优势,将所需信息量大、信息复杂且获取困难的基本公共服务优先作为地方的财政事权,提高行政效率,降低行政成本。信息比较容易获取和甄别的全国性基本公共服务宜作为中央的财政事权。

同时,激励地方政府主动作为。通过有效授权,合理确定地方财政事权,使基本公共服务受益范围与政府管辖区域保持一致,激励地方各级政府尽力做好辖区范围内的基本公共服务提供和保障,避免出现地方政府不作为或因追求局部利益而损害其他地区利益或整体利益的行为。

《意见》中推进中央与地方财政事权划分的改革内容为:

1. 适度加强中央的财政事权

坚持基本公共服务的普惠性、保基本、均等化方向,加强中央在保障国家安全、维护全国统一市场、体现社会公平正义、推动区域协调发展等方面的财政事权。强化中央的财政事权履行责任,中央的财政事权原则上由中央直接行使。中央的财政事权确需委托地方行使的,报经党中央、国务院批准后,由有关职能部门委托地方行使,并制定相应的法律法规予以明确。对中央委托地方行使的财政事权,受委托地方在委托范围内,以委托单位的名义行使职权,承担相应的法律责任,并接受委托单位的监督。

要逐步将国防、外交、国家安全、出入境管理、国防公路、国界河湖治理、全国性重大传染病防治、全国性大通道、全国性战略性自然资源使用和保护等基本公共服务确定或上划为中央的财政事权。

2. 保障地方履行财政事权

加强地方政府公共服务、社会管理等职责。将直接面向基层、量大面广、与当地居民密切相关、由地方提供更方便有效的基本公共服务确定为地方的财政事权,赋予地方政府充分自主权,依法保障地方的财政事权履行,更好地满足地方基本公共服务需求。地方的财政事权由地方行使,中央对地方的财政事权履行提出规范性要求,并通过法律法规的形式予以明确。

要逐步将社会治安、市政交通、农村公路、城乡社区事务等受益范围地域性强、信息较为复杂且主要与当地居民密切相关的基本公共服务确定为地方的财政事权。

3.减少并规范中央与地方共同财政事权

考虑到我国人口和民族众多、幅员辽阔、发展不平衡的国情和经济社会发展的阶段性要求,需要更多发挥中央在保障公民基本权利、提供基本公共服务方面的作用,因此应保有比成熟市场经济国家相对多一些的中央与地方共同财政事权。但在现阶段,针对中央与地方共同财政事权过多且不规范的情况,必须逐步减少并规范中央与地方共同财政事权,并根据基本公共服务的受益范围、影响程度,按事权构成要素、实施环节,分解细化各级政府承担的职责,避免由于职责不清造成互相推诿。

要逐步将义务教育、高等教育、科技研发、公共文化、基本养老保险、基本医疗和公共卫生、城乡居民基本医疗保险、就业、粮食安全、跨省(自治区、直辖市)重大基础设施项目建设和环境保护与治理等体现中央战略意图、跨省(自治区、直辖市)且具有地域管理信息优势的基本公共服务确定为中央与地方共同财政事权,并明确各承担主体的职责。

4.建立财政事权划分动态调整机制

财政事权划分要根据客观条件变化进行动态调整。在条件成熟时,将全国范围内环境质量监测和对全国生态具有基础性、战略性作用的生态环境保护等基本公共服务,逐步上划为中央的财政事权。对新增及尚未明确划分的基本公共服务,要根据社会主义市场经济体制改革进展、经济社会发展需求以及各级政府财力增长情况,将应由市场或社会承担的事务交由市场主体或社会力量承担,将应由政府提供的基本公共服务统筹研究划分为中央财政事权、地方财政事权或中央与地方共同财政事权。

(三)匹配央地事权,划分支出责任

按照"谁的财政事权谁承担支出责任"的原则,确定各级政府支出责任,实现权、则、利统一,才能达到有效授权,提高政府职能和行政效率。在支出责任与财政事权相适应方面,根据基本公共服务受益范围、政府职能和行政效率原则,科学、清晰、合理地配置各级政府的财政事权和支出责任。在政府和市场的职能边界方面,合理确定政府和市场提供基本公共服务的范围。凡是能够交由市场调节和社会提供或者市场调节和社会提供相对更为有效的事务,都应交由市场主体或社会力量承担。调整完善转移支付制度方面,在一般性转移支付下设立共同财政事权分类分档转移支付,完整反映和切实履行中央承担的基本公共服务领域共同财政事权的支出责任。

2016年《意见》提出完善中央与地方支出责任划分:

1.中央的财政事权由中央承担支出责任

属于中央的财政事权,应当由中央财政安排经费,中央各职能部门和直属机构不得要求地方安排配套资金。中央的财政事权如委托地方行使,要通过中央专项转移支付安排相应经费。

2.地方的财政事权由地方承担支出责任

属于地方的财政事权原则上由地方通过自有财力安排。对地方政府履行财政事权、落实支出责任存在的收支缺口,除部分资本性支出通过依法发行政府性债券等方式安排外,主要通过上级政府给予的一般性转移支付弥补。地方的财政事权如委托中央机构行使,地方政府应负担相应经费。

3.中央与地方共同财政事权区分情况划分支出责任

根据基本公共服务的属性,体现国民待遇和公民权利、涉及全国统一市场和要素自由流动的财政事权,如基本养老保险、基本公共卫生服务、义务教育等,可以研究制定全国统一标准,并由中央与地方按比例或以中央为主承担支出责任;对受益范围较广、信息相对复杂的财政事权,如跨省(自治区、直辖市)重大基础设施项目建设、环境保护与治理、公共文化等,根据财政事权外溢程度,由中央和地方按比例或中央给予适当补助方式承担支出责任;对中央和地方有各自机构承担相应职责的财政事权,如科技研发、高等教育等,中央和地方各自承担相应支出责任；对中央承担监督管理、出台规划、制定标准等职责，地方承担具体执行等职责的财政事权，中央与地方各自承担相应支出责任。

2016 年《意见》同时提出在完善中央和地方支出责任划分的同时加快省以下财政事权和支出责任划分：

省级政府要参照中央的做法，结合当地实际，按照财政事权划分原则合理确定省以下政府间财政事权。将部分适宜由更高一级政府承担的基本公共服务职能上移，明确省级政府在保持区域内经济社会稳定、促进经济协调发展、推进区域内基本公共服务均等化等方面的职责。将有关居民生活、社会治安、城乡建设、公共设施管理等适宜由基层政府发挥信息、管理优势的基本公共服务职能下移，强化基层政府贯彻执行国家政策和上级政府政策的责任。

省级政府要根据省以下财政事权划分、财政体制及基层政府财力状况，合理确定省以下各级政府的支出责任，避免将过多支出责任交给基层政府承担。由于各省的区位优势、资源禀赋、民族文化以及发展重点等各不相同，决定了各省的财政事权具有一定的差异性，从而决定了各省划分方面的差异性。此次改革，不少省份紧紧围绕党和国家机构改革方案，推进国家治理体系和治理能力现代化变革，在中央政策框架内结合具体情况设置机构、配置职能。例如，山东为打造海洋高质量发展战略要地，在机构限额内组建山东省委海洋发展委员会和山东省海洋局；海南为适应国际旅游消费中心建设要求，整合旅游、文化、体育职能，服务全省旅游发展，组建海南省旅游和文化广电体育厅；而东北三省则从优化营商环境补齐体制机制短板，为高质量发展提供制度保障，组建了营商环境部门。① 同时，为了保证政策的稳定性和灵活性，此次改革明确要求财政事权划分要根据社会主义市场经济体制改革进展、经济社会发展需求以及各级政府财力增长情况，进行动态调整。

此次改革，基本上实现了各级政府权责利的统一，有利于各级政府各司其

---

① 甘家武、张琦、舒求、李坤：《财政事权和支出责任划分改革研究：兼论分税制财政体制改革》，《云南财经大学学报》2019 年第 4 期。

职,激励地方政府主动作为,促进各级政府更好地履行其职责和高效地提供公共产品和服务,基本上明确了政府和市场的职能边界,为"使市场在资源配置中起决定性作用和更好发挥政府作用"提供了制度保障。

通过财政事权和支出责任划分改革与相关领域相结合,既通过相关领域改革为推进财政事权和支出责任划分创造条件,又将财政事权和支出责任划分改革体现和充实到各领域改革中,形成良性互动、协同推进的局面,至2020年基本完成主要领域改革,形成中央与地方财政事权和支出责任划分的清晰框架,建立科学规范的政府间关系。

## 二、完善转移支付,健全预算管理

合理的事权和支出责任划分、科学的专项转移支付制度是"建立权责清晰、财力协调、区域均衡的中央和地方财政关系"的前提条件。转移支付分为专项转移支付和一般性转移支付。1994年实行分税制财政管理体制以来,我国逐步建立了符合社会主义市场经济体制基本要求的财政转移支付制度。中央财政集中的财力主要用于增加对地方特别是中西部地区的转移支付,转移支付规模不断扩大,有力促进了地区间基本公共服务的均等化,推动了国家宏观调控政策目标的贯彻落实,保障和改善了民生,支持了经济社会持续健康发展。但与建立现代财政制度的要求相比,现行中央对地方转移支付制度存在的问题和不足也日益凸显,突出表现在:受中央和地方事权及支出责任划分不清晰的影响,转移支付结构不够合理;一般性转移支付项目种类多、目标多元,均等化功能弱化;专项转移支付涉及领域过宽,分配使用不够科学;一些项目行政审批色彩较重,与简政放权改革的要求不符;地方配套压力较大,财政统筹能力较弱;转移支付管理漏洞较多、信息不够公开透明等。对上述问题,有必要通过深化改革和完善制度,尽快加以解决。

2013年,党的十八届三中全会将深化财税体制改革确定为全面深化改革的重要任务之一,明确"清理、整合、规范专项转移支付项目,逐步取消竞争性领域专项和地方资金配套,严格控制引导类、救济类、应急类专项,对保留专项进行甄别,属地方事务的划入一般性转移支付"。2014年,新修订的《预算法》

第十六条规定,"按照法律、行政法规和国务院的规定可以设立专项转移支付,用于办理特定事项。建立健全专项转移支付定期评估和退出机制。市场竞争机制能够有效调节的事项不得设立专项转移支付"。国务院、财政部相继出台了《国务院关于深化预算管理制度改革的决定》《国务院关于改革和完善中央对地方转移支付制度的意见》《中央对地方专项转移支付管理办法》等文件,对转移支付制度改革提出了明确的要求。

(一)优化转移支付结构,合理划分央地事权

合理划分中央和地方事权与支出责任,逐步推进转移支付制度改革,形成以均衡地区间基本财力、由地方政府统筹安排使用的一般性转移支付为主体,一般性转移支付和专项转移支付相结合的转移支付制度。属于中央事权的,由中央全额承担支出责任,原则上应通过中央本级支出安排,由中央直接实施;随着中央委托事权和支出责任的上收,应提高中央直接履行事权安排支出的比重,相应减少委托地方实施的专项转移支付。属于中央地方共同事权的,由中央和地方共同分担支出责任,中央分担部分通过专项转移支付委托地方实施。属于地方事权的,由地方承担支出责任,中央主要通过一般性转移支付给予支持,少量的引导类、救济类、应急类事务通过专项转移支付予以支持,以实现特定政策目标。

2015年2月国务院发布《国务院关于改革和完善中央对地方转移支付制度的意见》,指出要从三个方面完善一般性转移支付制度:①清理整合一般性转移支付。逐步将一般性转移支付中属于中央委托事权或中央地方共同事权的项目转列专项转移支付,属于地方事权的项目归并到均衡性转移支付,建立以均衡性转移支付为主体、以老少边穷地区转移支付为补充并辅以少量体制结算补助的一般性转移支付体系。②建立一般性转移支付稳定增长机制。增加一般性转移支付规模和比例,逐步将一般性转移支付占比提高到60%以上。改变均衡性转移支付与所得税增量挂钩的方式,确保均衡性转移支付增幅高于转移支付的总体增幅。大幅度增加对老少边穷地区的转移支付。中央出台增支政策形成的地方财力缺口,原则上通过一般性转移支付调节。③加强一般性转移支付管理。一般性转移支付按照国务院规定的基本标准和计算

方法编制。科学设置均衡性转移支付测算因素、权重,充分考虑老少边穷地区底子薄、发展慢的特殊情况,真实反映各地的支出成本差异,建立财政转移支付同农业转移人口市民化挂钩机制,促进地区间基本公共服务均等化。规范老少边穷地区转移支付分配,促进区域协调发展。建立激励约束机制,采取适当奖惩等方式,引导地方将一般性转移支付资金投入到民生等中央确定的重点领域。

专项转移支付方面,《国务院关于改革和完善中央对地方转移支付制度的意见》指出需从严控制,使得专项转移支付落到实地:①清理整合专项转移支付。清理整合要充分考虑公共服务提供的有效性、受益范围的外部性、信息获取的及时性和便利性,以及地方自主性、积极性等因素。取消专项转移支付中政策到期、政策调整、绩效低下等已无必要继续实施的项目。属于中央委托事权的项目,可由中央直接实施的,原则上调整列入中央本级支出。属于地方事权的项目,划入一般性转移支付。确需保留的中央地方共同事权项目,以及少量的中央委托事权项目及引导类、救济类、应急类项目,要建立健全定期评估和退出机制,对其中目标接近、资金投入方向类同、资金管理方式相近的项目予以整合,严格控制同一方向或领域的专项数量。②逐步改变以收定支专项管理办法。结合税费制度改革,完善相关法律法规,逐步取消城市维护建设税、排污费、探矿权和采矿权价款、矿产资源补偿费等专款专用的规定,统筹安排这些领域的经费。③严格控制新设专项。专项转移支付项目应当依据法律、行政法规和国务院的规定设立。新设立的专项应有明确的政策依据、政策目标、资金需求、资金用途、主管部门和职责分工。④规范专项资金管理办法。做到每一个专项转移支付都有且只有一个资金管理办法。对一个专项有多个资金管理办法的,要进行整合归并,不得变相增设专项。资金管理办法要明确政策目标、部门职责分工、资金补助对象、资金使用范围、资金分配办法等内容,逐步达到分配主体统一、分配办法一致、申报审批程序唯一等要求。需要发布项目申报指南的,应在资金管理办法中进行明确。补助对象应按照政策目标设定,并按政府机构、事业单位、个人、企业等进行分类,便于监督检查和绩效评价。

专项转移支付应当分地区、分项目编制。严格资金分配主体，明确部门职责，社会团体、行业协会、企事业单位等非行政机关不得负责资金分配。专项转移支付可以采取项目法或因素法进行分配。对用于国家重大工程、跨地区跨流域的投资项目以及外部性强的重点项目，主要采取项目法分配，实施项目库管理，明确项目申报主体、申报范围和申报条件，规范项目申报流程，发挥专业组织和专家的作用，完善监督制衡机制。对具有地域管理信息优势的项目，主要采取因素法分配，选取客观因素，确定合理权重，按照科学规范的分配方式切块下达给省级财政，并指导其制定资金管理办法实施细则，按规定层层分解下达到补助对象，做到既要调动地方积极性，又要保证项目顺利实施。对关系群众切身利益的专项，可改变行政性分配方式，逐步推动建立政府引导、社会组织评价、群众参与的分配机制。除按照国务院规定应当由中央和地方共同承担的事项外，中央在安排专项转移支付时，不得要求地方政府承担配套资金。由中央和地方共同承担的事项，要依据公益性、外部性等因素明确分担标准或比例。在此基础上，根据各地财政状况，同一专项对不同地区可采取有区别的分担比例，但不同专项对同一地区的分担比例应逐步统一规范。除中央委托事项外，专项转移支付一律不得用于财政补助单位人员经费和运转经费，以及楼堂馆所等国务院明令禁止的相关项目建设。加强对专项资金分配使用的全过程监控和检查力度，建立健全信息反馈、责任追究和奖惩机制，重点解决资金管理"最后一公里"问题。

（二）强化转移支付预算管理，加强中央与地方的衔接

中央应当将对地方的转移支付预计数提前下达地方，地方应当将其编入本级预算。除据实结算等特殊项目可以分期下达预算或者先预付后结算外，中央对地方一般性转移支付在全国人大批准预算后 30 日内下达，专项转移支付在 90 日内下达。省级政府接到中央转移支付后，应在 30 日内正式下达到本行政区域县级以上各级政府。中央下达的财政转移支付必须纳入地方政府预算管理，按规定向同级人大或其常委会报告。

中央对地方转移支付预算安排及执行情况在全国人大批准后 20 日内由财政部向社会公开，并对重要事项作出说明。主动向社会公开一般性转移支

付和专项转移支付的具体项目、规模、管理办法和分配结果等。完善转移支付绩效评价制度,科学设置绩效评价机制,合理确定绩效目标,有效开展绩效评价,提高绩效评价结果的可信度,并将绩效评价结果同预算安排有机结合。逐步创造条件向社会公开绩效评价结果。政府性基金预算安排支出的项目,一般公共预算可不再安排或减少安排。政府性基金预算和一般公共预算同时安排的专项转移支付,在具体管理中应作为一个专项,制定统一的资金管理办法,实行统一的资金分配方式。大幅度增加一般性转移支付后,中央财政对相关重点领域的直接投入相应减少。由于中央对地方税收返还和转移支付最终形成地方财政支出,为满足统计需要,可将其按地方财政支出情况分解为对相关重点领域的投入。

在保持中央基建投资合理规模的基础上,划清中央基建投资专项和其他财政专项转移支付的边界,合理划定主管部门职责权限,优化中央基建投资专项支出结构。逐步退出竞争性领域投入,对确需保留的投资专项,调整优化安排方向,探索采取基金管理等市场化运作模式,规范投资安排管理;规范安排对地方基本公共服务领域的投资补助,逐步减少对地方的小、散投资补助;逐步加大属于中央事权的项目投资,主要用于国家重大工程、跨地区跨流域的投资项目以及外部性强的重点项目。省以下各级政府要比照中央对地方转移支付制度,改革和完善省以下转移支付制度。与省以下各级政府事权和支出责任划分相适应,优化各级政府转移支付结构。对上级政府下达的一般性转移支付,下级政府应采取有效措施,确保统筹用于相关重点支出;对上级政府下达的专项转移支付,下级政府可在不改变资金用途的基础上,发挥贴近基层的优势,结合本级安排的相关专项情况,加大整合力度,将支持方向相同、扶持领域相关的专项转移支付整合使用。

## 第三节　党的十九大以来财政制度的改革与完善

### 一、均衡央地财政关系,权责清晰财力协调

党的十九大报告提出财政分配要遵循"权责清晰、财力协调、区域均衡"

的要求。党的十九大以来,中央出台一系列通知,在各个方面明确中央与地方事权的分配,中央与地方之间的权责划分逐渐清晰。

(一)基本公共领域改革,明确共同事权范围

2018年2月8日,国务院办公厅印发了《基本公共服务领域中央与地方共同财政事权和支出责任划分改革方案》,主要改革内容分为以下五个部分。

一是明确基本公共服务领域中央与地方共同财政事权范围。将涉及人民群众基本生活和发展需要、现有管理体制和政策比较清晰、由中央与地方共同承担支出责任、以人员或家庭为补助对象或分配依据、需要优先和重点保障的主要基本公共服务事项,首先纳入中央与地方共同财政事权范围。

二是制定基本公共服务保障国家基础标准。国家基础标准由中央制定和调整,要保障人民群众的基本生活和发展需要,兼顾财力可能,并根据经济社会发展逐步提高,所需资金按中央确定的支出责任分担方式负担。参照现行财政保障或中央补助标准,制定义务教育公用经费保障、免费提供教科书、家庭经济困难学生生活补助、贫困地区学生营养膳食补助、中等职业教育国家助学金、城乡居民基本养老保险补助、城乡居民基本医疗保险补助、基本公共卫生服务、计划生育扶助保障9项基本公共服务保障的国家基础标准。地方在确保国家基础标准落实到位的前提下,因地制宜制定高于国家基础标准的地区标准,应事先按程序报上级备案后执行,高出部分所需资金自行负担。对困难群众救助等其余9项不易或暂不具备条件制定国家基础标准的事项,地方可结合实际制定地区标准,待具备条件后,由中央制定国家基础标准。法律法规或党中央、国务院另有规定的,从其规定。

三是规范基本公共服务领域中央与地方共同财政事权的支出责任分担方式。根据地区经济社会发展总体格局、各项基本公共服务的不同属性以及财力实际状况,基本公共服务领域中央与地方共同财政事权的支出责任主要实行中央与地方按比例分担,并保持基本稳定。

四是调整完善转移支付制。在一般性转移支付下设立共同财政事权分类分档转移支付,原则上将改革前一般性转移支付和专项转移支付安排的基本公共服务领域共同财政事权事项,统一纳入共同财政事权分类分档转移支付,

完整反映和切实履行中央承担的基本公共服务领域共同财政事权的支出责任。

五是推进省以下支出责任划分改革。中央财政要加强对省以下共同财政事权和支出责任划分改革的指导。对地方承担的基本公共服务领域共同财政事权的支出责任,省级政府要考虑本地区实际情况,根据各项基本公共服务事项的重要性、受益范围和均等化程度等因素,结合省以下财政体制,合理划分省以下各级政府的支出责任,加强省级统筹,适当增加和上移省级支出责任。县级政府要将自有财力和上级转移支付优先用于基本公共服务,承担提供基本公共服务的组织落实责任;上级政府要通过调整收入划分、加大转移支付力度,增强县级的政府基本公共服务保障能力。

《基本公共服务领域中央与地方共同财政事权和支出责任划分改革方案》中对不同地区并没有简单按东中西部地区确定分担比例和分担支出责任,而是参照现行政策,按财力状况对不同地区划分为五个档次确定分担比例、分担支出责任。这是此次出台《基本公共服务领域中央与地方共同财政事权和支出责任划分改革方案》的一个显著突破,财政分配应该是根据地方的财政实力划分,单纯按照东中西部地区经济地理概念划分并不科学,也不利于打破固化的利益格局。经过四十多年改革开放,东中西部地区各个省份的发展情况已有较大差异,按照省份不同的经济社会发展和财力状况,划分不同的档次,体现了政策的与时俱进,同时也更加符合实际,为下一步调整分档档次、实现更加公平地确定分担责任和配置财政资源打下了良好基础。[①]

(二)医疗卫生领域改革,完整规范分担方式

2018 年 8 月 13 日,国务院办公厅发布了《医疗卫生领域中央与地方财政事权和支出责任划分改革方案》,从公共卫生、医疗保障、计划生育、能力建设四个方面对我国医疗卫生领域进行财政事权与支出责任改革。

重大公共卫生服务和能力建设由中央财政负责,基本医疗服务、医疗保

---

① 李燕:《财政部:一揽子明确八大类 18 项基本公共服务事项央地权责划分》,《中国财政》2018 年第 5 期。

障、计划生育由中央和地方按第一档(8：2)、第二档(6：4)、第三档(5：5)、第四档(3：7)、第五档(1：9)五个档分担。

该方案主要有四个亮点：

一是强化了中央权责。明确将全国性或跨区域的重大传染病防控等重大公共卫生服务,主要包括纳入国家免疫规划的常规免疫及国家确定的群体性预防接种和重点人群应急接种所需疫苗和注射器购置,艾滋病、结核病、血吸虫病、包虫病防控,精神心理疾病综合管理,重大慢性病防控管理模式和适宜技术探索等内容,上划为中央财政事权,由中央财政承担支出责任。同时明确中央所属医疗卫生机构改革和发展建设、中央卫生健康管理事务和中央医疗保障能力建设也属于中央财政事权,由中央财政承担支出责任。

二是完善了分担比例。在财政事权和支出责任划分改革中,中央财政事权或地方财政事权及支出责任划分相对清晰;共同财政事权和支出责任划分是整个财政事权和支出责任划分改革的重点和难点。《医疗卫生领域中央与地方财政事权和支出责任划分改革方案》明确基本公共卫生服务、城乡居民基本医疗保险补助、医疗救助、计划生育扶助保障、国家根据战略规划统一组织实施的卫生健康能力提升项目和中医药事业传承与发展等6项具体事项为中央与地方共同财政事权,其中,公共卫生服务、城乡居民基本医疗保险补助和计划生育扶助保障均按照地区不同由中央承担10%—80%的责任。有关专家认为,这是此次医疗卫生领域央地权责划分中的一大亮点,共同事权和支出责任更加清晰。根据各地经济社会发展情况不同,中央承担不同的比例也更合理科学。

三是推进了项目整合。《医疗卫生领域中央与地方财政事权和支出责任划分改革方案》对部分项目进行了整合,例如将原重大公共卫生服务和计划生育项目中的妇幼卫生、老年健康服务、医养结合、卫生应急、孕前检查等内容划入基本公共卫生服务,使项目分类更科学。同时规定新划入基本公共卫生服务的项目由各省份结合地方实际自主安排,资金不限于基层医疗卫生机构使用。

四是规范了保障标准。《医疗卫生领域中央与地方财政事权和支出责任划分改革方案》明确中央制定基本公共卫生服务人均经费国家基础标准、计划生育扶助保障补助国家基础标准,并根据经济社会发展情况逐步提高。明确为中央与地方共同财政事权的事项中,基本公共卫生服务、计划生育扶助保障等中央制定国家基础标准的事项,地方政府可以在确保国家基础标准全部落实到位的前提下,在国家基础标准之上合理增加保障内容或提高保障标准,增支部分由地方财政负担。对于医疗救助、卫生健康人才队伍建设、重点学科发展等不易或暂不具备条件统一制定国家基础标准的事项,中央提出原则要求并设立绩效目标,地方据此自主制定本地区标准,中央财政给予适当补助。地方政府制定出台地区标准要充分考虑区域间基本医疗卫生服务的公平性、当地经济社会发展水平和财政承受能力,确保财政可持续。地区标准高于国家基础标准的,需事先按程序报上级备案后执行;地方政府出台涉及重大政策调整等事项的,需事先按程序报中央有关部门备案后执行。

总体上,《医疗卫生领域中央与地方财政事权和支出责任划分改革方案》构建了权责清晰、依法规范、运转高效的医疗卫生领域财政事权和支出责任划分模式,为促进医疗卫生事业的健康发展提供了坚强保障,将有力推动医药卫生体制改革的深化。

2020 年 7 月 24 日,我国发布《应急救援领域中央与地方财政事权和支出责任划分改革方案》。明确从预防与应急准备、灾害事故风险隐患调查及监测预警、应急处置与救援救灾等方面划分应急救援领域中央与地方财政事权和支出责任,适当加强中央在灾害事故风险隐患调查及监测预警方面的事权,加强省级统筹,加大对区域内财力困难地区的资金支持力度。要将适宜由地方更高一级政府承担的应急救援领域支出责任上移,避免基层政府承担过多支出责任。《应急救援领域中央与地方财政事权和支出责任划分改革方案》借鉴分税制改革的先进经验,明确中央、地方以及省内不同层级之间的支出责任和支出规则,通过厘清各方职责,避免推诿扯皮、贻误应急救援战机等情况的发生,有效地减轻了突发事件的危害。《应急救援领域中央与地方财政事权和支出责任划分改革方案》结合我国现有中央与地方政府职能配置和机构设置,更多、更好地发挥地方政府尤其是县级政府组织能力强、贴近基层、获取信息便利的优势,把所需信息量大、信息复杂且获取困难的应急救援基本公共服务优先划分为地方的财政事权,既提高了处理应急事件的行政效率,又降低了相应的行政成本。把信息比较容易获取和甄别的全国性应急救援基本公共服务,特别是公共产品外溢性强、受灾覆盖面大、地方政府难以处置的一类事权(如新冠肺炎疫情)的应急救援划分为中央财政事权。同时,配置充足财力作为保障,充分调动中央和地方的积极性。对中央承担事权的支出责任,《应急救援领域中央与地方财政事权和支出责任划分改革方案》规定中央预算内投资支出按国家有关规定执行,中央预算内投资支出用于中央财政事权或中央与地方共同财政事权事项。对涉及特殊财政体制的新疆生产建设兵团,《应急救援领域中央与地方财政事权和支出责任划分改革方案》明确参照中央与地方划分原则执行;财政支持政策原则上参照新疆维吾尔自治区有关政策执行,并适当考虑新疆生产建设兵团的特殊因素。对未列明的应急救援领域其他事项,《应急救援领域中央与地方财政事权和支出责任划分改革方案》提出按照改革的总体要求和事项特点具体确定财政事权和支出责任。对于地方承担事权的省级及以下的支出责任,《应急救援领域中央与地方财政事权和支出责任划分改革方案》规定各省级人民政府要参照方案精神,结合省以下财政体制等实际,合理划分省以下应急救援领域财政事权和支出责任:主要是明确了省级人民政府推进本区域内应急救援工作的职责,加强省级统筹,加大对区域内财力困难地区的资金支持力度;同时,也要将适宜由地方更高一级政府承担的应急救援领域支出责任上移,避免基层政府承担过多支出责任,给予各预算部门与单位应对突发事件的信心与底气。

(三)科技领域改革,明确分工高效协同

2019 年 5 月 31 日,国务院办公厅印发《科技领域中央与地方财政事权和支出责任划分改革方案》,实行科学厘清政府与市场边界、合理划分中央与地方权责和统筹推进当前与长远改革原则,从科技研发、科技创新基地建设发展、科技人才队伍建设、科技成果转移转化、区域创新体系建设、科学技术普及、科研机构改革和发展建设等方面明确科技领域中央与地方事权和支出责任划分。《科技领域中央与地方财政事权和支出责任划分改革方案》规定利用财政资金设立的用于支持基础研究、应用研究和技术研究开发等方面的科技计划（专项、基金等），确认为中央与地方共同财政事权，由中央财政和地方财政区分不同情况承担相应的支出责任，激励科技研发，推动科教兴国战略的落实。着眼长远，坚持总体设计，全面系统梳理科技领域各类事项，加强机构、人才、装置、项目和资金的统筹协调，加强与科技体制机制改革的协调联动，进一步优化科技创新发展的财政体制和政策环境。同时，立足当前，分类推进改革，在保持科技领域现行财政政策总体稳定的基础上，对现行划分较为科学合理、行之有效的事项予以确认；对现行划分不尽合理、改革条件相对成熟的事项进行调整；对尚不具备改革条件的事项，暂时延续现行划分格局，并根据相关领域体制机制改革进展等情况适时调整。

《科技领域中央与地方财政事权和支出责任划分改革方案》提出，要科学合理确定政府科技投入的边界和方式，调动社会各方面力量参与的积极性和主动性，使市场在资源配置中起决定性作用，加快建立完善多元化、多层次、多渠道的科技投入体系。要合理划分中央与地方权责，中央财政侧重支持全局性、基础性、长远性工作，进一步发挥中央对地方转移支付的作用。地方财政侧重支持技术开发和转化应用，构建各具特色的区域创新发展格局。要加强机构、人才、装置、项目和资金的统筹协调，加强与科技体制机制改革的协调联动，统筹当前和长远，分类推进改革。促进创新发展战略的落实，促进中国科技的长足进步。在完善中央决策、地方执行的机制基础上，明确中央在财政事权确认和划分上的决定权。根据科技事项公共性层次、科技成果受益范围等属性，科学合理划分科技领域中央与地方财政事权和支出责任。中央财政侧重支持全局性、基础性、长远性工作，以及面向世界科技前沿、面向国家重大需求、面向国民经济主战场组织实施的重大科技任务。同时进一步发挥中央对地方转移支付的作用，充分调动地方的积极性和主动性。地方财政侧重支持技术开发和转化应用，构建各具特色的区域创新发展格局。

（四）教育领域改革，合理授权高效运转

2019 年 6 月 3 日，国务院办公厅印发《教育领域中央与地方财政事权和支出责任划分改革方案》，将教育领域财政事权和支出责任划分为义务教育、学生资助、其他教育（含学前教育、普通高中教育、职业教育、高等教育等）三个方面明确教育领域中央与地方事权和支出责任划分。

一是义务教育总体为中央与地方共同财政事权，其中涉及学校日常运转、校舍安全、学生学习生活等经常性事项，所需经费一般根据国家基础标准，明确中央与地方财政分档负担比例，中央财政承担的部分通过共同财政事权转移支付安排；涉及阶段性任务和专项性工作的事项，所需经费由地方财政统筹安排，中央财政通过转移支付统筹支持。

二是学生资助作为相对独立完整的政策体系，覆盖学前教育、普通高中教育、职业教育、高等教育等，将其总体确认为中央与地方共同财政事权，并按照具体事项细化。

三是学前教育、普通高中教育、职业教育、高等教育等其他教育，实行以政府投入为主、受教育者合理分担、其他多种渠道筹措经费的投入机制，总体为中央与地方共同财政事权。

《教育领域中央与地方财政事权和支出责任划分改革方案》明确了中央在财政事权确认和划分上的决定权，落实地方按规定履行教育领域财政事权的责任，充分调动地方因地制宜发展区域内教育事业的积极性和主动性，正确处理政府与市场的关系，合理确定政府提供教育领域公共服务的范围和方式，合理划分各级各类教育领域相关公共服务的财政事权和支出责任。对部分基本公共服务领域共同财政事权和支出责任，根据受益范围、影响程度等，按具体事项进一步细化，做到边界清晰规范。在保持现行财政教育政策体系总体稳定的基础上，加强与教育事业改革发展的协调，兼顾当前与长远，分类推进改革，合理把握改革的时机、节奏和力度。对现行划分较为科学合理、行之有效的事项予以确认；对现行划分不尽合理、改革条件相对成熟的事项进行调整；对尚不具备改革条件的事项，明确改革方向，暂时延续现行划分格局，适时调整完善。正确处理政府与市场的关系，合理确定政府提供教育领域公共服务的范围和方式,合理划分各级各类教育领域相关公共服务的财政事权和支出责任。对部分基本公共服务领域共同财政事权和支出责任,根据受益范围、影响程度等,按具体事项进一步细化,做到边界清晰规范。

(五)交通运输领域改革,构建现代交通体系

2019 年 7 月 10 日,国务院办公厅印发《交通运输领域中央与地方财政事权和支出责任划分改革方案》,在完善中央决策、地方执行机制的基础上,适度加强中央政府承担交通运输基本公共服务的职责和能力,落实好地方政府在中央授权范围内的责任,充分发挥地方政府区域管理优势和积极性,保障改革举措落实落地。明确划分公路、水路、铁路、民航、邮政、综合交通六个方面的中央与地方财政事权和支出责任,通过合理划分交通运输领域中央与地方财政事权和支出责任,通过改革形成与现代财政制度相匹配、与国家治理体系和治理能力现代化要求相适应的划分模式,为推进"四好农村路"建设、构建现代综合交通运输体系、建设交通强国提供有力保障。

充分调动各方积极性。在完善中央决策、地方执行机制的基础上,适度加强中央政府承担交通运输基本公共服务的职责和能力,落实好地方政府在中央授权范围内的责任,充分发挥地方政府区域管理优势和积极性,保障改革举措落实落地。遵循交通运输行业发展规律。充分考虑行业特点,对运转情况良好、管理行之有效、符合行业发展规律的事项进行总结和确认,对存在问题的事项进行调整和完善,稳步推进相关改革。

交通运输既有以普通公路为代表的公共物品,也有以收费高速公路等为代表的准公共物品。厘清不同领域政府和市场的边界,是促使政府与市场更好地发挥作用、实现交通运输高质量发展进而建设交通强国的必然要求。目前,公路、铁路、港口和机场等各种运输方式的基础设施建设已逐步完成市场化的改革,逐渐放宽社会投资者进入的条件,为我国交通运输的发展发挥了重要的作用。但是市场化改革仍未完全到位,许多投资效益好的项目政府不愿推向市场,而效益差的项目又难以引入社会资本,需要政府给予更多的支持。因此,需要从政府有效提供公共物品和基本公共服务均等化的角度,界定政府

事权的范围,把能够由社会资本投资建设的项目尽可能地交由社会资本,政府充分发挥"兜底"作用,积极推动基本公共服务均等化。[①]

2013 年中央提出事权与支出责任划分改革目标后,2016 年 8 月国务院印发《关于推进中央与地方财政事权和支出责任划分改革的指导意见》,全面规划未来 5 年的改革任务、时间表和路线图。随后,于 2018 年开启分领域改革先河,相继在医疗、科技、教育、交通、生态环境、公共文化、自然资源、应急救援等领域推出改革方案。2018—2020 年,改革步伐明显加快,"干中学"效应凸显。顶层设计与循序渐进相结合的改革方法论符合改革开放以来中国政府主导型制度变迁的逻辑,能有效降低政治交易成本,稳步推进现代财政制度建设。[②]

## 二、划分省以下事权,明确支出责任

我国地方政府包括省(自治区、直辖市)、市(自治州)、县(市辖区、不设区的市)与乡镇四级。从世界范围看,我国是政府层级最多、结构最复杂的国家之一,为省以下各级政府共同财政事权的划分带来巨大挑战。基本公共服务领域共同财政事权的组织实施,主要由省、市级政府制定政策,基层政府组织落实,省、市级政府与基层政府共同提供财力保障。在分税制财政体制实际运行过程中,出现事权层层下移、财权层层上移的情况,基层财政运行困难,不能满足人民对基本公共服务的需要。推进省以下基本公共服务领域共同财政事权与支出责任划分,使原先笼统的、不尽统一规范的支出责任变得清晰明朗,才能使省以下各级政府全面完整有效地履行本级政府的基本公共服务职能,逐步建立起权责清晰、财力协调、标准合理、保障有力的基本公共服务制度体系和保障机制,更好地兜牢民生底线,促进基本公共服务均等化水平的提高。

省以下基本公共服务领域共同财政事权与支出责任划分是建立科学规范

---

① 于树一、杨远旭:《交通运输领域中央与地方财政事权与支出责任划分研究》,《财政监督》2018 年第 23 期。

② 胡凯:《中国财政事权和支出责任划分改革:进程评估和政策文本分析》,《经济体制改革》2021 年第 4 期。

的政府间财政关系,保障基本公共服务均等化目标实现的重要前提。对地方承担的基本公共服务领域共同财政事权的支出责任,省级政府要考虑本地区实际,根据各项基本公共服务事项的重要性、受益范围和均等化程度等因素,结合省以下财政体制,合理划分省以下各级政府的支出责任,加强省级统筹,适当增加和上移省级支出责任。县级政府要将自有财力和上级转移支付优先用于基本公共服务,承担提供基本公共服务的组织落实责任;上级政府要通过调整收入划分、加大转移支付力度,增强县级政府基本公共服务保障能力。

2018 年 8 月 13 日,国务院办公厅发布《医疗卫生领域中央与地方财政事权和支出责任划分改革方案》,次年,各省根据该通知的基本原则和划分范围,结合地方财政管理制度特色发布了省级方案。省以下医疗卫生领域的财政事权与支出责任划分,是在既有的中央和地方的财政关系格局下,对省域内不同层级政府在医疗卫生管理领域的事权进行划分,明确不同层级财政的支出责任,并通过转移支付来平衡各级政府的财力。目的是实现医疗卫生领域省与市、县政府事权与支出责任相适应,财力与支出责任相匹配,充分发挥财政职能,有效地利用财政资金提供优质医疗卫生公共服务。《医疗卫生领域中央与地方财政事权和支出责任划分改革方案》也提到完善省以下分担机制:省级政府要参照本方案的要求,结合省以下财政体制,合理划分医疗卫生领域省以下各级政府的财政事权和支出责任。要明确省级政府在推进区域内基本公共服务均等化方面的职责,加大对区域内困难地区的转移支付力度。要将适宜由更高一级政府承担的基本医疗卫生服务支出责任上移,避免过多增加基层政府支出压力。

在各个方面明确中央与地方事权分配的同时,反复强调各省级人民政府要参照要求,结合省以下财政体制、发展情况等实际,合理划分各个方面的财政事权和支出责任。要进一步加强统筹协调,聚焦国家重大区域发展战略,推动区域创新能力和竞争力整体提升。

# 第四章 党的十八大以来我国预算 管理制度改革

财政预算体现国家的战略和政策,反映政府的活动范围和方向,是推进国家治理体系和治理能力现代化的重要支撑,是宏观调控的重要手段。党的十八大以来,在全面深化改革战略布局下,党中央、国务院、各级党委及政府不断推进预算管理制度改革、完善财税体制,取得了显著成效。本章将从"党的十八大至十九大期间"及"党的十九大以来"两个历史阶段,梳理和总结各阶段我国预算管理制度改革的主要内容及影响意义。

## 第一节 党的十八大至十九大期间的预算 管理制度改革

党的十八大报告中首次提出"加强对政府全口径预算决算的审查和监督",要求人大对政府全部收支进行监管,以代表全体人民依法行使管理国家的权力。政府预算透明度得到空前重视。2013 年 5 月 18 日,国务院批转发展改革委《关于 2013 年深化经济体制改革重点工作意见的通知》中提出,建立公开、透明、规范、完整的预算体制。同年 7 月,国务院公布的《当前政府信息公开重点工作安排》中进一步强调政府预算公开工作的重要性和紧迫性。党的十八届三中全会作出《中共中央关于全面深化改革若干重大问题的决定》(以下简称《决定》),再一次明确了"深化财税体制改革,改进预算管理制度"的要求。自此,我国新一轮预算管理制度改革的指导纲领便被定位于"全面规范、公开透明"。

## 一、完善预算立法,强化预算约束

预算是财政的核心,立法是预算管理的基本手段,因而完善预算立法是政府依法理财、强化预算约束、提高国家财政治理能力的根本保障。原《中华人民共和国预算法》自 1995 年施行以来,对于规范预算管理,推进依法理财,加强国家宏观调控,促进经济社会发展发挥了重要作用。随着我国社会主义市场经济体制和公共财政体制的逐步建立,原预算法对预算内容的完整性、预算编制的科学性、预算执行的规范性、预算监督的严肃性和预算活动的公开性等重大问题缺乏明确而严格的规定,已不能完全适应形势发展的要求。此外,自党的十八大以来,我国在推进部门预算、国库集中收付、政府收支分类和预算公开等方面积累的成功改革经验,也需要用法律的形式确定下来。

党的十八届三中全会确立了全面深化改革的总体目标,强调财政是国家治理的基础和重要支柱,提出要完善立法、建立现代财政制度。预算是财政的核心,现代预算制度是现代财政制度的基础,是国家治理体系的重要内容。因此,修改预算法,是规范预算行为,推进预算管理科学化、民主化、法治化的迫切需要,是深化预算制度改革、建立现代财政制度的必然要求,是依法治国、提高国家治理能力的重要保障。2014 年 8 月 31 日,第十二届全国人大常委会第十次会议通过了《全国人民代表大会常务委员会关于修改〈中华人民共和国预算法〉的决定》。为加强执法力度、保障新《预算法》的顺利实施,财政部于 2014 年 12 月 11 日下发《关于贯彻实施修改后的预算法的通知》,重新修订后的《预算法》自 2015 年 1 月 1 日起正式施行。新《预算法》由原有的 79 条增至 101 条,共计修改 82 处。新《预算法》反映了预算完整、公开透明、科学有序、执行有效、纪律严明等现代预算管理的基本要素,在"完善政府预算体系,健全透明预算制度""改进预算控制方式,建立跨年度预算平衡机制""规范地方政府债务管理,严控债务风险""完善转移支付制度,推进基本公共服务均等化""坚持厉行节约,硬化预算支出约束"等方面实现了重大突破,是现代财政制度的重要组成部分。

此次修改首要突出了对预算"公开透明"的要求,在原有预算内容公开的基础上进一步推进预算全过程公开,发挥公民对政府收支活动的限制和约束功能。同时,新《预算法》还在预算全口径管理、跨年度平衡机制、转移支付制度、地方政府债务等方面提出了明确要求,以呼应《决定》中所提及的预算管理制度改革的政策导向。此外,新《预算法》强化了违法责任追究机制,对预算过程中各类违法行为和相关人员的法律责任进行直接具体的规定,以落实习近平总书记厉行节约、廉洁自律的指导思想。

新《预算法》全面贯彻了党的十八大和十八届三中全会精神,充分体现了党中央、国务院确定的财税体制改革总体要求,以及近年来财政改革发展的成功经验,在预算管理诸多方面取得了重大突破,同时也为进一步深化财税改革引领方向。预算法是中国特色社会主义法律体系中的一部重要法律,是财政领域的基本法律制度,而新《预算法》的出台是国家法律制度建设的一项重要成果,更是财政制度建设具有里程碑意义的一件大事,标志着我国加快建立全面规范、公开透明的现代预算制度迈出了坚实的一步。

## 二、审核重点转变,预算由"收"向"支"

党的十八届三中全会提出"审核预算的重点由平衡状态、赤字规模向支出预算和政策拓展"转变,预算着眼点由收入转向支出。一方面,使以往对于财政收入的预算工作向预测功能转变,解决了"过头税"所产生的顺周期问题。预算审核的重点在于财政支出的方向和规模,优化财政支出结构、优化转移支付结构,对重点支出根据推进改革的需要和确需保障的内容统筹安排,优先保障。改进年度预算控制方式,一般公共预算审核的重点由平衡状态、赤字规模向支出预算和政策拓展。强化支出预算约束;政府性基金预算按照以收定支的原则,根据政府性基金项目的收入情况和实际支出需要编制。同时,预算审核进一步细化,不仅关注"花多少",更关注"花在哪儿""花得是否合理",即在确定适度财政支出规模的同时兼顾与当前国家财政政策的协调一致,提高财政资金的使用绩效。另一方面,预算支出审核的拓展使得预算公开的形式与内容不再是以往的笼统收支情况报账,而是转为对政府支出政策和支出情况进行的充分说明,给予了社会公众真正参与预算监督的机会,从而增强政府预算透明度。

### 三、编制中期预算,建立跨年预算平衡

为确保财政可持续,避免预算审核重点的转向支出政策打破收支平衡,《决定》要求"建立跨年度预算平衡机制,建立权责发生制的政府综合财务报告制度""研究编制三年滚动财政规划",并"强化三年滚动财政规划对年度预算的约束",首次提出了跨年度预算平衡机制的改革方向。为增加可操作性,国务院于 2014 年 10 月出台了《国务院关于深化预算管理制度改革的决定》,对跨年度预算平衡机制的具体实施内容作出了说明。为适应经济形势发展变化和财政宏观调控的需要,2015 年 1 月 1 日开始施行的新修订的《预算法》第十二条规定"各级政府应当建立跨年度预算平衡机制",为跨年度预算平衡机制的构建奠定了法律基础。修订后的《预算法》指出,各级政府一般公共预算按照国务院的规定可以设置预算稳定调节基金,用于弥补以后年度预算资金的不足。如各级政府一般公共预算年度执行中有超收收入的,只能用于冲减赤字或者补充预算稳定调节基金。省级一般公共预算年度执行中,如果出现短收,通过调入预算稳定调节基金、减少支出等方式仍不能实现收支平衡的,经本级人大或者其常委会批准,可以增列赤字,报财政部备案,并应当在下一年度预算中予以弥补。此项规定为今后实行中期财政规划管理,研究编制三年滚动财政规划,并强化其对年度预算的约束留出了空间。2015 年 1 月 23日,《国务院关于实行中期财政规划管理的意见》出台,再次强调三年滚动财政规划,并将其作为基本原则之一,明确了中期财政规划覆盖四本预算,主要内容包括测算财政收支、研究当前政策问题、提出改进举措、预测改进后的财政收支变化等,推动跨年度平衡机制建设,对中期财政预算提出了更为具体明确的要求。编制中期财政预算要坚持以现行财政政策为导向,统筹兼顾眼前利益与长远发展,与国民经济和社会发展规划纲要及国家宏观调控政策相衔接,滚动编制 3—5 年预算,强化中期财政约束。

此项改革标志着我国正式走上编制中期预算的道路,这也意味着政府将

在未来相对年度预算而言更长的特定时期内,依照政策重点进行资源调度,更有效地应对紧急突发事件,解决"突击花钱""寅吃卯粮"的问题。中期预算指导年度预算,年度预算反馈并约束中期预算,从而真正体现政府预算平衡的长期性、动态性和整体性。

## 四、完善转移支付,优化项目结构

为协调区域经济均衡发展,中央对转移支付项目结构进行了优化,一般转移支付比例逐年提升,以取代部分难以管理的专项转移支付项目。国家实行财政转移支付制度,是分税制财政体制改革中的成功经验,对于缩小地区间财力差距、推进基本公共服务均等化、促进区域协调发展发挥了重要作用。但在执行中,也存在专项转移支付设置过多、配套资金压力过大、资金下达不及时等问题。为进一步规范和完善转移支付制度,新《预算法》增加规定:财政转移支付应当规范、公平、公开,以均衡地区间基本财力,由下级政府统筹安排使用的一般性转移支付为主体。建立健全专项转移支付定期评估和退出机制。市场竞争机制能够有效调节的事项不得设立专项转移支付。除按照国务院规定应当由上下级政府共同承担的事项外,上级政府在安排专项转移支付时不得要求下级政府承担配套资金。上级政府应当提前下达转移支付预计数,地方各级政府应当将上级提前下达的预计数编入本级预算。此项规定有利于优化转移支付结构,提高转移支付资金分配的科学性、公平性和公开性,减少中央部门对地方事权的不适当干预,也有利于地方统筹安排预算,提高地方预算编报的完整性。

《决定》中提出"完善一般性转移支付增长机制,清理、整合、规范专项转移支付项目,逐步取消竞争性领域专项和地方资金配套"。2015 年 2 月,国务院公布了《关于改革和完善中央对地方转移支付制度的意见》,明确了转移支付制度改革的总体思路是以推进地区间基本公共服务均等化为主要目标,以一般性转移支付为主体,严格控制专项转移支付项目数量和资金规模,提高地方财政的统筹能力。自 2009 年以来,我国专项转移支付预算编制较为粗放,随意性较明显,资金分配零星分散,绩效考核体系亦不健全。而作为分税制改革的重要组成部分,一般转移支付解决了政府间财力的纵向与横向不均衡问题,给予地方政府更多自主权以统筹规划地方财政支出。因此,以统筹性的一般转移支付替代零散专项转移支付,成为党的十八大以来我国转移支付制度改革的主导趋势。一方面,在资金总量上,作为专项转移支付的财政补贴被不断削减,同时依照国务院要求,一般性转移支付规模逐步提高,以放权地方实现更好更快发展,目标为实现占比60%以上。另一方面,在项目划分上,规范专项转移支付项目的设立,取消散乱低效的项目,整合目标、投入方向、管理模式相近的项目,不断压缩专项转移支付项目。竞争性领域的专项投入大幅减少,同时改进分配方式,减少行政性分配,引入市场化运作模式,逐步与金融资本相结合,引导带动社会资本增加投入,相应资金转为投向公共领域、基础设施等社会公益事业领域。同时,在明确中央和地方支出责任的基础上,认真清理现行配套政策,完善资金管理办法,提高资金使用效益,转移支付资金管理得以强化,从而逐步优化转移支付结构。[①]

## 五、健全预算体系,加大统筹力度

随着预算管理制度改革的不断深化,2011年我国已经取消了预算外资金,所有财政收支全部纳入政府预算,接受人大审查监督。这一实践符合现代预算完整性的要求,体现了建立全口径预算的改革方向。因此,新《预算法》删除了有关预算外资金的内容,并明确规定:政府的全部收入和支出都应当纳入预算。同时对四本预算功能定位、编制原则及相互关系作出规范,自此,全口径预算管理登上舞台,政府预算体系不断健全,政府预算编制的完整性有所提高。截至十八届三中全会,我国初步形成由"一般公共预算、政府性基金预算、国有资本经营预算和社会保险基金预算"四本预算组成的政府预算体系。新《预算法》第五条规定,"一般公共预算、政府性基金预算、国有资本经营预算、社会保险基金预算应当保持完整、独立。政府性基金预算、国有资本经营

---

① 于杨、孙婉然、倪志良:《十八大以来预算制度改革回顾与展望》,《财政监督》2017年第1期。

预算、社会保险基金预算应当与一般公共预算相衔接",凸显出一般公共预算在全口径预算管理中的主导地位。将政府收支以及与政府收支相关的公共资金收支全部纳入预算管理的范围,有利于促进预算体系的完整。

由于预算编制、审查、下达时间存在差别等多方面原因,预算编制范围不完整、无法做到全口径预算管理等问题屡屡见诸审计报告。为解决这一问题,新《预算法》对一般公共预算的范围进行了明确,规定"中央一般公共预算包括中央各部门(含直属单位,下同)的预算和中央对地方的税收返还、转移支付预算。中央一般公共预算收入包括中央本级收入和地方向中央的上解收入","地方各级一般公共预算包括本级各部门(含直属单位,下同)的预算和税收返还、转移支付预算。地方各级一般公共预算收入包括地方本级收入、上级政府对本级政府的税收返还和转移支付、下级政府的上解收入"。对于预算内容和范围的明确界定,有助于防止类似财政转移支付等项目的"遗漏",促进全口径预算管理。此外,将地方政府债务纳入预算管理能够减轻地方政府债务游离在预算之外的问题,有助于逐步完善预算管理体系。

2014年9月,《国务院关于深化预算管理制度改革的决定》规定,要求加大政府性基金预算、国有资本经营预算与一般公共预算的统筹力度。2014年11月,财政部发布《关于完善政府预算体系有关问题的通知》,对政府预算体系的完善提出了具体要求。为贯彻落实上述要求,自2015年起,政府性基金预算收支中的部分项目和国有资本经营预算支出中的部分转入一般公共预算,相应方面的一般公共预算支出逐步退出以避免资金重复、浪费;城市维护建设税、矿产资源补偿费等专款专用的规定取消,相关税费转入一般公共预算统筹管理。政府四本预算的管理方向以整合统筹为主,政府预算体系在收支分类管理集中凝聚的过程中不断完善。

### 六、清理挂钩事项,提升财政支出效率

党的十八大以前,我国挂钩事项存在几大弊端:一是与总需求管理的灵活性要求相悖;二是从全国总量上挂钩还比较容易实现,但是越到地方、越到基层,需求越有地方特色,越零散,越没有办法挂钩;三是和《预算法》新的规定

绩效原则相悖;四是不利于节约资金,支出有效性难以提高;五是专项越来越多,财政支出的安排越来越碎片化。预算挂钩作为一种"法定支出"的形式,难以与地方实际情况相契合,导致地方财政支出结构僵化,其中与 GDP 挂钩的预算支出形式更是引发经济"过冷"或"过热"。尽管与挂钩事项相关的法律和规划还存在,但预算编制应以《预算法》为依据,将绩效预算挂钩事项逐步清理,增强财政投入针对性,提高资金使用效率。2014 年 6 月,中共中央政治局审议通过了《深化财税体制改革总体方案》,提出"研究清理规范重点支出同财政收支增幅或生产总值挂钩事项"。《决定》提出,"清理规范重点支出同财政收支增幅或生产总值挂钩事项,一般不采取挂钩方式";新《预算法》由修订前的"各级预算支出的编制,应当统筹兼顾、确保重点"改为"在保证基本公共服务合理需要的前提下,优先安排国家确定的重点支出"。以上改革均体现了我国预算制度发展方向逐步转为契合地方政府实际情况,以便更好地服务当地居民。2016 年 12 月,中央全面深化改革领导小组第三十一次会议审议并通过《关于清理规范重点支出同财政收支增幅或生产总值挂钩事项有关问题的通知》,表明"清理规范重点支出同财政收支增幅或生产总值挂钩事项,是深化预算管理制度改革的重要内容"。这次预算挂钩事项的清理,一是改变了"一刀切"的现状,对各地方政府按需分配,优化政府资金配置;二是允许地方政府摆脱比例约束,增加各级财政部门支出的自主性、灵活性,借以提高财政资金的使用效率。

### 七、规范地方债务,化解隐性风险

为加强对地方政府债务规模的管理,2013 年《决定》指出,要建立权责发生制的政府综合财务报告制度,建立规范合理的中央和地方政府债务管理及风险预警机制。财政部根据债务率、新增债务率、偿债率、逾期债务率等指标,评估各地区债务风险状况,对债务高风险地区进行风险预警,硬化预算约束,防范道德风险。对地方政府债务实行规模控制和分类管理,严格限定政府举债程序和资金用途,建立地方政府信用评级制度,逐步完善地方政府债券市场。此外,要逐步建立考核问责机制,把政府性债务作为一个硬指标纳入政绩考核,明确责任落实,各级政府切实担负起加强地方政府性债务管理、防范化解财政金融风险的责任。2014 年 10 月,《国务院关于加强地方政府性债务管理的意见》发布,明确了将一般债务归到一般公共预算中,专项债务归到政府性基金预算中的要求,进一步强调规范地方政府债务管理,防范化解财政风险,按照"疏堵结合、分清责任、规范管理、防范风险、稳步推进"的原则,建立"借、用、还"相统一的地方政府性债务管理机制。在这一政策指导下,PPP、BOT 等模式不断涌现,基础设施的建设引入社会资本,使得地方政府支出压力减少,隐性债务风险降低,在兼顾地方政府债务规模及增长速度合理控制的同时,切实防范风险。

为规范地方政府债务管理,按照疏堵结合的改革思路,2015 年起实施的新《预算法》增加了允许地方政府举借债务的规定,赋予了地方政府依法适度的举债权限,规定将地方政府自发自还的债券纳入预算管理,建立规范的地方政府举债融资机制。同时也从五个方面作出限制性规定:一是限制主体,经国务院批准的省级政府可以举借债务;二是限制用途,举借债务只能用于公益性资本支出,不得用于经常性支出;三是限制规模,举借债务的规模,由国务院报全国人大或者全国人大常委会批准,省级政府在国务院下达的限额内举借的债务,列入本级预算调整方案,报本级人大常委会批准;四是限制方式,举借债务只能采取发行地方政府债券的方式,不得采取其他方式筹措,除法律另有规定外,不得为任何单位和个人的债务以任何方式提供担保;五是控制风险,举借债务应当有偿还计划和稳定的偿还资金来源,国务院建立地方政府债务风险评估和预警机制、应急处置机制以及责任追究制度。以上限制性规定有利于把地方政府融资引导到阳光下,建立起规范合理的地方政府举债融资机制,也有利于人大和社会监督,防范和化解债务风险。

2015 年 3 月,财政部印发《地方政府一般债券发行管理暂行办法》,进一步明确了"地方政府一般债券由各地按照市场化原则自发自还"、专项债券全部纳入政府性基金预算管理,规范了政府债券的预算编制和调整等多个方面,强调了预算执行的硬约束。2016 年 11 月,财政部印发了《地方政府一般债务预算管理办法》和《地方政府专项债务预算管理办法》,加强了各类债务纳入预算管理的相关工作。此后,中央与地方各级政府的预算草案及预算调整方案中均涵盖了地方政府债务情况,并受人大监督审查,为解决地方债务风险提供了更多支持。

## 八、推进信息公开,提高预算透明度

党的十八大以来,我国出台多项措施以提高预算透明度、公开度。如2013年《财政部关于推进省以下预决算公开工作的通知》,2014年《关于深入推进地方预决算公开工作的通知》、修订《预算法》、《国务院关于深化预算管理制度改革的决定》、2015年《政府采购法实施条例》、2016年《财政部关于专员办进一步加强财政预算监管工作的意见》、《关于切实做好地方预决算公开工作的通知》、关于印发《地方预决算公开操作规程》的通知等文件,均有效促进财政信息公开的制度建设进程的稳步开展。

2014年,《关于深化预算管理制度改革的决定》指出,实施全面规范、公开透明的预算制度,将公开透明贯穿预算改革和管理全过程,充分发挥预算公开透明对政府部门的监督和约束作用,建设阳光政府、责任政府、服务政府。积极推进预决算公开,细化政府预决算公开内容,除涉密信息外,政府预决算支出全部细化公开到功能分类的项级科目,专项转移支付预决算按项目按地区公开。积极推进财政政策公开,扩大部门预决算公开范围,除涉密信息外,中央和地方所有使用财政资金的部门均应公开本部门预决算。细化部门预决算公开内容,逐步将部门预决算公开到基本支出和项目支出。按经济分类公开政府预决算和部门预决算。逐步建立权责发生制的政府综合财务报告制度,研究将政府综合财务报告主要指标作为考核地方政府绩效的依据,逐步建立政府综合财务报告公开机制。加大"三公"经费公开力度,细化公开内容,除涉密信息外,所有财政资金安排的"三公"经费都要公开。对预决算公开过程中社会关切的问题,要规范整改、完善制度。

财政部《关于深入推进地方预决算公开工作的通知》规定,在批复后20日内向社会公众公开地方预决算信息。2014年经过修订的新《预算法》第一次以法律的形式明确了"预算公开"的必要性,这表明我国财政信息公开跨过了由"国家秘密"到"向人大公开",再到"向社会公开"转变的门槛。新《预算法》不仅对预算的执行及监督作出了确切的规定,而且明确了违反预算公开规定的法律责任,在一定程度上打破了"财政秘密"与"财政公开"界限不清晰的传统格局,为建设透明化、规范化的现代预算体系奠定了法制基础,为人民当家作主提供了制度空间,体现出了国家治理的现代化建设迈出了实质性步伐。

以预算法、预算法实施条例、政府信息公开条例作为统领,我国颁布了《决定》、2016 年《关于进一步推进预算公开工作的意见》等指导性文件,坚持以公开为常态、不公开为例外,除涉及国家秘密的信息(以下简称"涉密信息")外,各级政府公开本级政府预决算,中央和地方使用财政资金的部门和单位应当积极推进部门预决算公开制度;坚持明确和落实责任,各部门各单位应当依法主动公开预决算信息,各级政府预决算由财政部门负责公开,各部门各单位负责公开本部门本单位预决算;坚持以公开促改革,以公开为抓手,通过预决算公开促进财税体制改革和其他相关领域改革,为实现国家治理体系和治理能力现代化提供动力,建立起中国特色的预算公开法制模式。

## 第二节　党的十九大以来的预算管理制度改革

党的十九大报告对预算制度改革作出了重要部署,提出"建立全面规范透明、标准科学、约束有力的预算制度,全面实施绩效管理",为下一步改革指明了方向。2021 年 4 月 13 日,国务院发布《关于进一步深化预算管理制度改革的意见》(以下简称《意见》),部署进一步深化预算管理制度改革的具体措施,包括加大预算收入统筹力度、增强财政保障能力,规范预算支出管理、推进财政支出标准化等方面,进一步深化预算管理制度改革,规范管理、提高效率、挖掘潜力、释放活力。

### 一、加大预算收入统筹力度,增强财政保障能力

2017 年,新政府会计制度对政府会计核算模式进行了重构,分别设置了

财务会计和预算会计科目,从会计科目设置保障的角度,将全部收入纳入预算,加大预算收入统筹力度。为规范政府收入预算管理,进一步加大预算统筹力度,增强财政保障能力,《意见》要求:

一是规范政府收入预算管理。实事求是编制收入预算,考虑经济运行和实施减税降费政策等因素合理测算。严禁将财政收入规模、增幅纳入考核评比。严格落实各项减税降费政策,严禁收取过头税费、违规设置收费项目或提高收费标准。依照法律法规及时足额征收应征的预算收入,如实反映财政收入情况,提高收入质量,严禁虚收空转。不得违法违规制定实施各种形式的歧视性税费减免政策,维护全国统一市场和公平竞争。严禁将政府非税收入与征收单位支出挂钩。

二是加强政府性资源统筹管理。将依托行政权力、国有资源(资产)获取的收入以及特许经营权拍卖收入等按规定全面纳入预算,加大预算统筹力度。完善收费基金清单管理,将列入清单的收费基金按规定纳入预算。将应当由政府统筹使用的基金项目转列一般公共预算。合理确定国有资本收益上交比例。

三是强化部门和单位收入统筹管理。各部门和单位要依法依规将取得的各类收入纳入部门或单位预算,未纳入预算的收入不得安排支出。各部门应当加强所属单位事业收入、事业单位经营收入等非财政拨款收入管理,在部门和单位预算中如实反映非财政拨款收入情况。加强行政事业性国有资产收入管理,资产出租、处置等收入按规定上缴国库或纳入单位预算。

四是盘活各类存量资源。盘活财政存量资金,完善结余资金收回使用机制。新增资产配置要与资产存量挂钩,依法依规编制相关支出预算。严格各类资产登记和核算,所有资本性支出应当形成资产并予以全程登记。各级行政事业单位要将资产使用管理责任落实到人,确保资产安全完整、高效利用。推动国有资产共享共用,促进长期低效运转、闲置和超标准配置资产以及临时配置资产调剂使用,有条件的部门和地区可以探索建立公物仓,按规定处置不需使用且难以调剂的国有资产,提高财政资源配置效益。

## 二、规范预算支出管理,推进财政支出标准化

为加强财政资源统筹,保持适度支出强度,在推进财政支出标准化方面《意见》指出,要"规范预算支出管理,推进财政支出标准化",具体措施包括:

一是加强重大决策部署财力保障。各级预算安排要将落实党中央、国务院重大决策部署作为首要任务,贯彻党的路线方针政策,增强对国家重大战略任务、国家发展规划的财力保障。

二是合理安排支出预算规模。坚持量入为出原则,积极运用零基预算理念,打破支出固化僵化格局,合理确定支出预算规模,调整完善相关重点支出的预算编制程序,不再与财政收支增幅或生产总值层层挂钩。充分发挥财政政策逆周期调节作用,安排财政赤字和举借债务要与经济逆周期调节相适应,将政府杠杆率控制在合理水平,并预留应对经济周期变化的政策空间。

三是大力优化财政支出结构。各级预算安排要突出重点,坚持"三保"(保基本民生、保工资、保运转)支出在财政支出中的优先顺序,坚决兜住"三保"底线,不留硬缺口。严格控制竞争性领域财政投入,强化对具有正外部性创新发展的支持。不折不扣落实过紧日子的要求,厉行节约办一切事,建立节约型财政保障机制,精打细算,严控一般性支出。严禁违反规定乱开口子、随意追加预算。严格控制政府性楼堂馆所建设,严格控制和执行资产配置标准,暂时没有标准的要从严控制、避免浪费。清理压缩各种福利性、普惠性、基数化奖励。优化国有资本经营预算支出结构,强化资本金注入,推动国有经济布局优化和结构调整;坚持量入为出原则,大力优化财政支出结构。

四是完善财政资金直达机制。在保持现行财政体制、资金管理权限和保障主体责任基本稳定的前提下,稳步扩大直达资金范围。完善直达资金分配审核流程,加强对地方分配直达资金情况的监督,确保资金安排符合相关制度规定、体现政策导向。建立健全直达资金监控体系,加强部门协同联动,强化从资金源头到使用末端的全过程、全链条、全方位监管,资金监管"一竿子插到底",确保资金直达使用单位、直接惠企利民,防止挤占挪用、沉淀闲置等,提高财政资金使用的有效性和精准性。

五是推进支出标准体系建设。建立国家基础标准和地方标准相结合的基本公共服务保障标准体系,由财政部会同中央有关职能部门按程序制定国家基础标准,地方结合公共服务状况、支出成本差异、财政承受能力等因素因地制宜制定地方标准,按程序报上级备案后执行。鼓励各地区结合实际在国家尚未出台基础标准的领域制定地方标准。各地区要围绕"三保"等基本需要研究制定县级标准。根据支出政策、项目要素及成本、财力水平等,建立不同行业、不同地区、分类分档的预算项目支出标准体系。根据经济社会发展、物价变动和财力变化等动态调整支出标准。加强对项目执行情况的分析和结果运用,将科学合理的实际执行情况作为制定和调整标准的依据。加快推进项目要素、项目文本、绩效指标等标准化规范化。将支出标准作为预算编制的基本依据,不得超标准编制预算。

### 三、严格预算编制管理,增强财政预算完整性

统筹兼顾经济社会发展目标、国家宏观调控总体要求、行业发展和跨年度预算平衡的需要编制财政预算,是科学编制财政预算所要遵循的基本原则,也是明确重点支出预算安排的基本依据。党的十九大报告明确提出,政府预算应"标准科学,约束有力"。其中,标准科学就是指预算编制要有明确的成本意识,要进行严格的成本核算,要充分体现预算编制对成本的控制取向。《意见》提出,一要改进政府预算编制,下级政府应当严格按照提前下达数如实编制预算,既不得虚列收支、增加规模,也不得少列收支、脱离监督;二要完善跨年度预算平衡机制,加强中期财政规划管理,增强与国家发展规划的衔接,强化中期财政规划对年度预算的约束;三要加强部门和单位预算管理,落实部门和单位预算管理主体责任,部门和单位要对预算完整性、规范性、真实性以及执行结果负责;四是完善政府财务报告体系。建立完善权责发生制政府综合财务报告制度,全面客观反映政府资产负债与财政可持续性情况。

2020年10月29日,党的第十九届中央委员会第五次全体会议通过《中共中央关于制定国民经济和社会发展第十四个五年规划和二〇三五年远景目标的建议》,其中提出的"强化对预算编制的宏观指导,加强财政资源统筹",

体现了按照经济社会发展目标和宏观调控总体要求指导预算编制的思想,也体现了一般公共预算、政府性基金预算、国有资产经营预算以及社会保险基金预算相对整合的全口径预算要求。

### 四、强化预算执行管理,增强预算约束力

2017 年,党的十九大明确提出,要建立约束有力的预算制度。约束有力,要求严格落实预算法,切实硬化预算约束,构建管理规范、风险可控的政府举债融资机制,增强财政可持续性,完善政绩考核体系,层层落实各级地方政府主体责任,加大问责追责和查处力度。具体来说,一是严格落实预算法等相关法律法规的规定,坚持先预算后支出,严格执行人民代表大会批准的预算,严控预算调整和调剂事项,强化预算单位的主体责任;二是防范化解地方债务风险,落实各级地方政府主体责任,积极稳妥处置存量债务,健全规范的地方政府举债融资机制;三是加大督查问责力度,完善政绩考核体系,既建立有效的考核机制,积极引导地方政府主动依法依规开展预算工作,又严格查处地方政府违规举债行为,从严整治举债乱象,做到终身问责、倒查责任。

2020 年 10 月 1 日起实施的《中华人民共和国预算法实施条例》细化了预算法有关规定,将近年来财税体制改革和预算管理实践成果以法规形式固定下来,确保公共财政资金节用裕民。它是我国预算法律制度体系建设的重要立法成果,进一步规范了预算行为,强化了预算约束。第六十条规定"各级政府、各部门、各单位应当加强对预算支出的管理,严格执行预算,遵守财政制度,强化预算约束,不得擅自扩大支出范围、提高开支标准;严格按照预算规定的支出用途使用资金,合理安排支出进度"。第七十八条规定"各级一般公共预算年度执行中厉行节约、节约开支,造成本级预算支出实际执行数小于预算总支出的,不属于预算调整的情形"。

2021 年 4 月发布的《国务院关于进一步深化预算管理制度改革的意见》指出,当前"预算约束不够有力……影响了财政资源统筹和可持续性",因此其在总体要求的基本原则中,明确提出"坚持预算法定。增强法治观念,强化纪律意识,严肃财经纪律,更加注重强化约束,着力提升制度执行力,维护法律

的权威性和制度的刚性约束力。明确地方和部门的主体责任,切实强化预算约束,加强对权力运行的制约和监督"。此外,在第三部分"规范预算支出管理,推进财政支出标准化"中,强调"严禁违反规定乱开口子、随意追加预算。严格控制政府性楼堂馆所建设,严格控制和执行资产配置标准,暂时没有标准的要从严控制、避免浪费"。第五部分"强化预算执行和绩效管理,增强预算约束力"中规定,"严格执行人大批准的预算,预算一经批准非经法定程序不得调整""坚持先有预算后有支出,严禁超预算、无预算安排支出或开展政府采购""严禁出台溯及以前年度的增支政策,新的增支政策原则上通过以后年度预算安排支出""规范预算调剂行为""除已按规定程序审核批准的事项外,不得对未列入预算的项目安排支出""加强对政府投资基金设立和出资的预算约束,提高资金使用效益"。

## 五、实施全面预算绩效管理,优化财政资源配置

绩效管理是为提高绩效所开展的计划、组织、指导、协调与约束等活动,其目的在于保障绩效目标如期有效达成。全面实施绩效管理是做好预算工作的重要抓手,有利于提高绩效考评结果的客观性、真实性、准确性,提升预算工作的制度化、规范化、科学化水平,推动财政资金聚力增效,提高公共服务供给质量,增强政府公信力和执行力。2017 年,党的十九大报告中明确提出"建立全面规范透明、标准科学、约束有力的预算制度,全面实施绩效管理",为我国新时期拓展预算绩效管理改革指明了具体方向。2018 年 9 月,中共中央、国务院颁布《关于全面实施预算绩效管理的意见》,提出"构建全方位预算绩效管理格局",全面实施政府、预算部门(单位)、政府政策和项目支出的预算绩效管理体系;"建立全过程预算绩效管理链条",建立绩效评估机制、绩效目标管理、绩效运行监控、绩效评价和结果应用一体化的预算绩效管理流程;"完善全覆盖预算绩效管理体系",建立包括一般公共预算绩效管理在内的政府预算绩效管理体系;"健全预算绩效管理制度",完善预算绩效管理流程,健全预算绩效标准体系;同时,提出我国将全面建设成"全方位、全过程、全覆盖"的绩效管理体系。2018 年 11 月,财政部颁布《关于贯彻落实〈中共中央 国务

院关于全面实施预算绩效管理的意见〉的通知》,对如何推进全面实施绩效预算管理的意见提出了指导性建议。同年,水利部、农业农村部等中央级部门制定了部门开展预算绩效管理的实施意见,之后,地方层面如北京市、广东省也印发了地方贯彻全面实施预算绩效管理的相关指导意见。对预算绩效支出评价的改革,逐步演变为对预算绩效目标管理、绩效运行监控、绩效评价指标体系建设、绩效评价结果应用等四个方面的逐步深入探索。2020 年 2 月,国家财政部在《财政支出绩效评价管理暂行办法》的基础上,修订形成了《项目支出绩效评价管理办法》,设置了包括决策、过程、产出、效益在内的绩效评价指标,总体上明确了指标权重、评价标准以及评价方法的规范,并进一步规范了绩效评价报告的体例与格式。“全方位、全过程、全覆盖”,三个维度推动预算绩效管理全面实施,建立长效机制,从总体上提高财政资源配置效率。特别是新办法提出绩效评价结果要与预算安排、政策调整、改进管理进行实质性挂钩,体现奖优罚劣和激励相容导向。明确提出“有效要安排、低效要压减、无效要问责”,进一步硬化预算绩效管理约束及激励机制,确保各级政府为自己的行为负责。改革意见要求更加注重结果导向,强调成本效益,硬化预算责任约束等预算管理方式创新,力争 3—5 年实现预算和绩效管理一体化。

在我国预决算报告中,也高度重视预算绩效管理的应用与实施,自 2017 年起预算绩效管理的实施情况都是年度中央预决算报告的重要内容之一。国家财政部《关于 2019 年中央和地方预算执行情况与 2020 年中央和地方预算草案的报告》中也明确指出,“健全绩效指标和标准体系,继续扩大重点绩效评价范围,加强评价结果应用”是 2019 年主要财税政策落实和重点财政工作之一,而 2020 年的财政改革与预算管理工作中,全面实施预算绩效管理也是重点,要做到“花钱必问效,无效要问责,低效多压减,有效多安排”。2020 年8 月,修订后的《中华人民共和国预算法实施条例》将绩效评价的内容定义为“根据设定的绩效目标,依据规范的程序,对预算资金的投入、使用过程、产出与效果进行系统和客观的评价”。

### 六、加强债务风险防控,增强财政可持续性

《意见》指出,健全地方政府依法适度举债机制,防范化解地方政府隐性债务风险,防范化解财政运行风险隐患。加强地方政府债务管理,强化违法违规举债问责,牢牢守住不发生系统性区域性风险底线,抓实化解地方政府隐性债务风险工作,加强执行监测,结合直达资金管理,动态掌握基层执行情况,坚决防范基层"三保"风险。加强扶贫资金监管,确保财税政策落实到位、资金使用管理安全高效。做好重点领域风险防范化解工作,确保财政经济稳健运行、可持续。

面对复杂多变的外部形势和国内经济的下行压力,财政政策既是总需求管理框架下逆周期调节的重要手段,也是通过精准性政策解决经济中的结构性问题以推进供给侧结构性改革的重要抓手。党的十九大以来,我国聚焦稳预期、稳增长、稳就业、防风险的目标,秉持"加力提效"的基本取向,支持打好三大攻坚战,健全 PPP 机制,优化公共物品提供方式,化解债务风险,地方政府债务管理进一步规范,基于债务与偿债能力匹配原则,更加强调打开合法合规举债的"前门",目前已经通过对地方政府债务实行限额管理和预算管理,加强地方政府债券发行的计划管理,把地方政府举债纳入了更加完善的制度框架之中。但在减税背景下,地方债务的偿还压力较大,还需通过公共物品提供方式的优化,为解决地方政府的债务问题提供长久之计。《关于推进政府和社会资本合作规范发展的实施意见》在 2019 年出台,该文件规范细化了PPP 项目的准入条件,并建立了 PPP 项目支出责任预警机制;《政府会计准则第 10 号——政府和社会资本合作项目合同》也在同年发布,规范了政府方对政府与社会资本合作项目合同。PPP 项目运行机制的优化有助于发挥 PPP在公共物品提供领域的作用,减轻政府支出压力,化解债务风险。[1]

2021 年 8 月,财政部发布的《2021 年上半年中国财政政策执行情况报告》显示,2021 年赤字率按 3.2% 左右安排,比 2021 年有所下调,赤字规模为

---

[1]　刘尚希:《中国财政政策报告(2020)》,社会科学文献出版社 2020 年版,第 35、36 页。

3.57 万亿元,比 2020 年减少 1900 亿元,统筹宏观调控需要和防范财政风险,健全跨周期调节机制,有效保障党中央、国务院确定的重点任务,并为今后应对新的风险挑战留出政策空间。新增专项债券为 3.65 万亿元,比 2020 年减少 1000 亿元,积极防范地方政府债务风险。不再发行抗疫特别国债,地方公共卫生等基础设施建设、保基本民生等支出通过正常渠道给予保障,从而保持适度支出强度,防控债务风险,增强财政可持续性。

## 七、编制政府综合财务报告,解释财政受托责任

为进一步推进权责发生制政府综合财务报告制度改革,2019 年 1 月 1 日起,我国施行《政府会计制度——行政事业单位会计科目和报表》。新的制度实行"双基础、双报告"的政府会计核算模式,要求行政事业单位采用"平行记账",呈现出财务报告与预算报告既有联系又有区别,各有侧重、互为补充、有机衔接的特点。解释财政受托责任,定期向公众披露"钱从何来"以及"去了哪里"的公共账目的细节性信息,并向公众解释条目基础的财政控制是有效的和可信的,承担绩效责任与合规责任有助于全面开展编制工作,准确界定部门财务报告编制范围,并在一定时期内保持相对稳定。引入新的权责核算方式,构建了新的政府会计核算模式,同步进行权责发生制财务会计核算和收付实现制预算会计核算,从制度层面解决了政府财务报告编制的核算基础问题。其目的在于有效推进预算改革,拓宽政府资产负债核算范围,形成较为完善的报表结构和体系,提高会计信息质量,辅助实施全面的政府机关绩效管理,最终建立一套能够适应现代治理模式的财政制度。

2018 年 3 月财政部修订印发《政府部门财务报告编制操作指南(试行)》《政府综合财务报告编制操作指南(试行)》等制度,2019 年 12 月,财政部对《政府部门财务报告编制操作办法(试行)》进行了修订,修订后,部门财务报告编制范围由原来"纳入部门决算管理范围的行政单位、事业单位和社会团体"修改为"部门及部门所属的行政事业单位,与同级财政部门有预算拨款关系的社会团体","企业(集团)下属事业单位不编制政府部门财务报告"。调整的重点是明确不同管理方式下的部分事业单位是否纳入编制范围。

## 八、增强预算透明度,提高预算管理信息化水平

　　预算透明是现代预算制度改革的一个基本方向。政府预算的透明化是实现社会公众对政府监督权利的保障,有助于完善政府治理,防止腐败问题的发生。提高预算透明度,是建立现代财政制度的重要组成部分,也是强化政府受托责任,建设廉洁、高效政府,提高政府治理能力的重大基础性制度安排。近年来,针对政府收支信息透明度不高的情况,中央政府持续加强对政府收支信息披露的管理,按照《政府信息公开条例》《国务院办公厅关于印发 2020 年政务公开工作的通知》要求,坚持"公开为常态,不公开为例外"的原则,力争打造"阳光政府"。2020 年,共有 102 个中央部门(单位)向社会公开 2020 年的部门预算,比 2019 年预算公开范围进一步扩大;97 个中央部门公开了 109 个项目绩效目标表,是 2019 年的 2 倍多。2020 年 8 月,国务院正式公布新修订的《中华人民共和国预算法实施条例》,并于 2020 年 10 月 1 日起在全国范围内施行,从预算内容、报表格式、编报方法、报送期限、事后监督等多个角度,通过优化信息公开的广度、深度、精度与信度,降低不确定性,提升财政效率,防范财政风险,提升财政透明度。同时,通过降低信息不对称程度、加强对政府行为的约束等手段,促进财政透明度的提升。2021 年,中央提出继续落实政府过"紧日子"的要求。进一步推进预算公开透明,有利于优化支出结构,把钱用在"刀刃上",提高财政资金使用效益。《意见》指出,改进预决算公开,发挥多种监督方式的协同效应,充分发挥党内监督的主导作用,推进人大预算联网监督工作。实现中央和地方财政系统信息贯通,推进部门间预算信息互联共享。加大各级政府预决算公开力度,大力推进财政政策公开,强化监督结果运用。扩大部门预决算公开范围,各部门所属预算单位预算、决算及相关报表应当依法依规向社会公开。党的十九大报告和修订后的《中华人民共和国预算法实施条例》均对预算公开提出了明确要求,部门预算、决算支出按其功能分类应当公开到项,按其经济性质分类,基本支出应当公开到款。从财政部 2021 年对各省(自治区、直辖市)2019 年度、2020 年度预决算公开情况的专项检查来看,我国地方各级党委和政府深入

贯彻落实党中央、国务院决策部署,多措并举推动预决算公开工作,基本实现"应公开尽公开",预决算公开管理水平持续提升,预决算公开工作取得显著成效。

## 九、推进人大预算监督,提升预算决策科学性

在我国,人民代表大会及与其有关的委员会拥有预算审批权。2018 年,中共中央办公厅印发了《关于人大预算审查监督重点向支出预算和政策拓展的指导意见》,进一步提出人大对支出预算和政策开展全口径审查和全过程监管的要求,也要求各级审计机关加强对专项资金绩效和政策执行的审计监督,预算执行审计的重点应向支出预算、项目建设、财政绩效和政策效益拓展。人大对支出预算和政策开展全口径审查和全过程监管,主要包括支出预算的总量与结构、重点支出与重大投资项目、监督部门预算贯彻落实党中央重大方针政策和决策部署情况、贯彻党中央重大方针政策和决策部署情况,转移支付与财政事权和支出责任划分的匹配情况、结合地方政府债务规模、全国经济发展水平等情况,合理评估全国政府债务风险水平。人大通过审查监督支出预算和政策,保障党中央重大方针政策和决策部署的贯彻落实。与此同时,人大继续加强对政府预算收入编制的审查,政府预算收入编制要与经济社会发展水平相适应,与财政政策相衔接,根据经济政策调整等因素科学预测。强化对政府预算收入执行情况的监督,推动严格依法征收,不收"过头税",防止财政收入虚增、空转。

2021 年 4 月,全国人大常委会修订《关于加强中央预算审查监督的决定》,指出各部门要严格按照《决定》要求,自觉接受全国人大及其常委会对中央预算的审查和监督,积极协助、配合全国人大财政经济委员会和全国人大常委会预算工作委员会依法开展工作。2021 年 6 月,中共中央办公厅《关于加强地方人大对政府债务审查监督的意见》指出,一是地方各级人大常委会预算工作委员会等工作机构应提出贯彻落实《意见》的具体工作方案。二是将政府债务审查监督在人大监督工作中、在预算审查监督工作中突出出来,纳入人大常委会年度"工作要点"和"工作计划",统筹谋划、统一部署、一体推进,

加强人大预算决算审查监督职能、实现人大预算审查监督重点向支出预算和政策拓展。在此基础上,各级人大和审计部门开始不断探索预算审查监督的技术方法,如"预算联网监督系统"的建设和大数据审计的推进,都是在预算监督过程中运用互联网及大数据等新兴技术的重要成果,不断提升预算决策的合理性、科学性。

# 第五章　党的十八大以来我国税收制度的改革与完善

我国现行税制中包含 18 个税种。财政部公布的 2021 年全国一般公共预算收入决算表显示,增值税、消费税、企业所得税、个人所得税收入共计约占全国税收收入的 76.3%,构成了我国税收体系中征税范围最广、规模和影响最大的税种。其他税种如资源税、环境保护税、房产税、耕地占有税、城镇土地使用税、契税等对宏观经济的特定方面也发挥着重要影响,同样也是我国政府的重要收入来源。

党的十八大以来,在全面深化改革战略布局下,党中央、国务院、各级党委及政府坚持推进税收制度改革、服务高质量发展,取得了显著成效。本章以党的十八大作为重要的历史节点,以党的十八大以前的税制改革为历史背景,将党的十八大以来我国税制改革主要分为"党的十八大至十九大期间"及"党的十九大以来"两个历史阶段,分别从主要税种的制度设计、影响意义及税收征管制度入手,梳理和总结我国税收制度改革与完善的历程。

## 第一节　增值税制度改革

增值税是对经营者在生产经营活动中实现的增值额征收的一种间接税。[1]

---

[1] 国家税务总局货物和劳务税司:《深化增值税改革业务操作指引》,中国税务出版社 2019 年版,第 6—7 页。

2017年修订的《中华人民共和国增值税暂行条例》中规定："在中华人民共和国境内销售货物或者加工、修理修配劳务（以下简称"劳务"），销售服务、无形资产、不动产以及进口货物的单位和个人，为增值税的纳税人，应当依照本条例缴纳增值税。"近年来，增值税一直是我国税制中的第一大税种，兼具筹集财政收入、实行宏观调控、监督经济活动等多项职能。

作为改革开放以后引入的税种，增值税的制度改革与我国市场经济的建立和发展相伴而行，集中体现了党和国家在不同国情及不同时期下的经济发展决策。党的十八大提出"全面深化改革"战略、"深化财税体制改革"要求后，增值税改革的步伐逐渐加快，改革的层次逐步深化，已经基本建成了与国际接轨的现代增值税制度，有效发挥了财税体制对于经济发展的引导和促进作用。

增值税改革历程与历次党的全国代表大会作出的重大经济社会战略决策紧密相关，根据各时期改革的性质和特点，可以将增值税改革分为以下几个阶段。

## 一、党的十八大以前：建立增值税制度，由生产型向消费型转变

1983年，我国开始在全国范围内引入增值税。1984年，国务院发布《中华人民共和国增值税条例（草案）》，正式建立了增值税制度，与产品税、营业税共同取代原工商税。1993年，国务院发布《中华人民共和国增值税暂行条例》，并于1994年正式实施，在全国建立了生产型增值税制度。自2004年起，为适应经济社会发展需要，在保证财政收入的同时鼓励企业进行设备更新和技术升级，并逐步确立企业和社会资本长期投资的主体地位，我国的增值税制度由生产型向消费型转变，并在部分地区和行业开始试点。2008年11月5日，国务院修订通过《中华人民共和国增值税暂行条例》，并于2009年起在全国实施增值税转型改革，规定固定资产进项税额可以从销项税额中抵扣。①

---

① 参见财政部、国家税务总局：《关于全国实施增值税转型改革若干问题的通知》，国家税务总局官网，2008年12月19日。

我国的增值税制度正式由生产型向消费型转变。

## 二、党的十八大至十九大期间:营业税改征增值税,推进增值税"扩围"改革

2012 年,党的十八大针对"全面深化改革"作出战略部署,确定了"深化财税体制改革""推进增值税改革"的重要任务。党的十八大至十九大期间,增值税改革主要围绕"营改增"进行,全面完成了 2010 年党的十七届五中全会提出的"营改增"任务。

(一)由试点到全面推开,加速推进"营改增"进程

在营业税与增值税两税并存的格局下,税收负担在不同行业的差异较大,税负公平难以得到保证。为确保国民经济可持续发展,全面推进"营改增"、实行一元税制势在必行。推行"营改增",既有助于形成统一税法、公平税负、平等竞争的税收环境,又能消除重复征税的问题,对我国税制结构优化具有重要意义。

2011 年 11 月 16 日,财政部、国家税务总局联合发布《营业税改征增值税试点方案》,在十七届五中全会精神指导下,以"建立健全有利于科学发展的税收制度,促进经济结构调整,支持现代服务业发展"为主要目标,从 2012 年 1 月 1 日起在上海地区对交通运输和部分现代服务业展开"营改增"试点。

2012 年 8 月至 12 月,"营改增"试点地区分批次扩大至北京等 8 省市,最晚一批的天津市、浙江省、湖北省于 2012 年 12 月 1 日完成了新旧税制转换。[1]

党的十八大后,在对"营改增"试点工作评估的基础上,自 2013 年 8 月 1 日起,"营改增"试点普及至全国范围内的交通运输业和部分现代服务业,并将广播影视业务纳入试点行业,"营改增"正式进入全国试点阶段。[2] 铁路运

---

[1] 参见财政部、国家税务总局:《关于在北京等 8 省市开展交通运输业和部分现代服务业营业税改征增值税试点的通知》,国家税务总局官网,2012 年 7 月 31 日。

[2] 参见财政部、国家税务总局:《关于在全国开展交通运输业和部分现代服务业营业税改征增值税试点税收政策的通知》,国家税务总局官网,2013 年 5 月 24 日。

输和邮政服务业、电信业分别于 2014 年 1 月 1 日、6 月 1 日起,分别纳入营业税改征增值税试点。[①] 自 2016 年 5 月 1 日起,我国在各地区、各行业全面推开"营改增"试点,将房地产业、建筑业、金融业、生活服务业全部纳入"营改增"试点行业范围,并将上述行业新增不动产进项税额纳入抵扣范围,彻底完成了"营改增",实现了增值税对于货物和服务行业的全覆盖。[②]

(二)简化征管制度,加强中央税权,兼顾央地公平

从税收征管上看,营业税主要由地方税务局征收,是地方政府重要的财政收入,增值税由国家税务局征收,与地方政府按 3∶1 的比例分成。营业税和增值税征管制度下国税、地税两套体系的存在,既不利于经营者的纳税便利,又为税务部门的尽职监管造成了困难。此外,中央政府与地方政府之间存在税权划分不清、税收分配不明的问题,难以适应国民经济发展与国家财政安全的要求。

"营改增"的全面推行,取消了营业税这一地方政府重要收入来源,将增值税全部交由国税部门征收,中央对于货物和服务的税收控制得到加强。在单一部门征管制度下,征税监管效率也得到了提高。

同时,为保障地方政府的财政收入,兼顾中央和地方政府的收入公平,国务院于 2016 年 4 月 30 日发布了《全面推开营改增试点后调整中央与地方增值税收入划分过渡方案》,规定从 2016 年 5 月 1 日开始,将增值税收入央地分配比例由之前的 3∶1 下调到 1∶1,同时明确"中央上划收入通过税收返还方式给地方,确保地方既有财力不变""中央集中的收入增量通过均衡性转移支付分配给地方,主要用于加大对中西部地区的支持力度",有效维护了地方财政的利益,体现了党的十八届三中全会所提出的"保持中央和地方财力格局总体稳定"的要求。

---

① 参见财政部、国家税务总局:《关于将铁路运输和邮政业纳入营业税改征增值税试点的通知》,国家税务总局官网,2013 年 12 月 12 日;财政部、国家税务总局:《关于将电信业纳入营业税改征增值税试点的通知》,国家税务总局官网,2014 年 4 月 29 日。

② 参见财政部、国家税务总局:《关于全面推开营业税改征增值税试点的通知》,国家税务总局官网,2016 年 3 月 23 日。

（三）"营改增"的重要意义

1. 完善税收制度,打通增值税抵扣链条,降低企业税负

在营业税与增值税并行时期,企业业务所属应税种类的划分不清晰,导致流通能力强、流转次数多的企业,受到重复征税问题的影响,承受较大的税收负担。同时,营业税与增值税分开征收,导致企业在增值税抵扣链条上存在难以接续的问题,削弱了增值税抵扣规则减轻企业税负的作用。且各企业与其上下游企业之间因为业务差别,难以形成税收遵从的相互监管,不利于市场秩序。

进行"营改增"以后,增值税包括了原营业税覆盖的业务范围,成为市场主体最主要的应纳税种,解决了重复征税的问题。并且,造成增值税链条断裂的环节在改革后被完全纳入征收范围,形成了完整的增值税抵扣链条,实际上扩大了进项税额抵扣范围,减轻了企业税负。同时,增值税抵扣链条将上下游各行业串联起来,统一票据,形成企业间纳税监督,有效地提升了增值税税收遵从程度。"营改增"减轻了企业的税收负担,达到了结构性减税的目的,起到促进经济发展的作用。

2. 实现税收中性,维护市场机制

营业税以经营者营业收入全额为对象进行征税,将会造成福利损失和扭曲,不利于市场平稳健康有效运行。而增值税作为具有税收中性的税种,在征收过程中不会扭曲市场机制,不影响市场主体的资源配置情况。实施"营改增",使用具有税收中性的税种取代非税收中性税种,不但减少了税收对市场效率的影响,而且在实质上保证了市场机制的主体地位,对实现党的十八大提出的"全面深化改革"目标起到重要作用。

"营改增"是党的十八大至十九大期间,我国税收制度上的一次重大改革,改变了自20世纪80年代以来长期实行的营业税与增值税并行的税收政策。全面推行"营改增"、增值税"扩围"改革后,重复征税问题得到解决,结构性减税目标广泛落实,各行业经营者的税负显著降低,提高了国民经济的整体效率。同时,税收征管效能得到提升,保证了中央财政的收入比例、保障了中央财政在宏观调控、特别是转移支付中的主体地位,巩固了国家财政安全,为

宏观经济稳定作出重大贡献。

## 三、党的十九大以来：深化增值税改革，坚持推进减税降费

党的十九大报告作出了"中国特色社会主义进入新时代"的重要论断，党和国家继续在经济社会各领域坚持以人民为中心，全面深化改革，激发市场活力。

在此背景下，党的十九大以来增值税改革的主要着力点在优化税率结构、完善退税制度、扩大抵扣范围、完善针对小规模纳税人的制度设计四个方面，以减税降费为基本目标，持续深化改革。

（一）深化增值税改革，兼并、降低税率，优化税率结构

1. 基本政策

自 20 世纪 80 年代引入增值税以来，我国增值税税率主要经历了四次整体调整。

2016 年 5 月 1 日起，在"营改增"的作用下，增值税税率由原来的 17%、13% 两档，增加到 17%、13%、11%、6% 四档，新增加税率适用于提供交通运输、邮政、电信、建筑、金融、生活服务及现代服务、销售土地使用权及不动产、转让无形资产等非原增值税征收范围内的经营行为。

2017 年 4 月 28 日，财政部、国家税务总局联合发布《关于简并增值税税率有关政策的通知》，取消了 13% 的增值税税率，对应应税项目适用 11% 的增值税税率，实现了增值税税率的首次简并。

2018 年 4 月 4 日，财政部、国家税务总局联合发布《关于调整增值税税率的通知》，将增值税 17%、11% 两档税率分别整体下调至 16%、10%。这是我国增值税税率首次整体下调。

2019 年，国务院《政府工作报告》提出针对制造业、交通运输业、建筑业等行业的税率调整计划。3 月 20 日，财政部、国家税务总局、海关总署联合发布公告，将原 16%、10% 两档税率分别相应下调至 13%、9%。[1]

---

[1]　参见财政部、国家税务总局、海关总署：《关于深化增值税改革有关政策的公告》，国家税务总局官网，2019 年 3 月 20 日。

2.实施效果与现实意义

整体来看,党的十九大以来,增值税税率不断降低,尤其是 2019 年提出"实施更大规模减税降费"之后,国家对增值税税率进行了整体下调,考虑到增值税的体量和下调幅度,国家向市场主体释放的资金数额是巨量的。对经营者而言,税率的下降切实减轻了企业税负,扩大了企业的利润空间;对政府而言,虽然增值税收入有所下降,但改革更好地发挥了税收的宏观调控功能,促进了市场效率和社会福利的提升,有效实现了经济发展的基本目标。

(二)完善退税制度,提高退税效果,激发市场活力

1.基本政策

党的十九大以来,我国坚持完善退税制度,从退税范围、退税标准、退税方式等方面入手,持续深化改革,努力降低企业退税难度,为企业减负,保持外贸稳定增长,释放市场活力。其中,针对进出口企业的主要措施是调整出口退税率,从退税数额上增强激励;针对国内各类企业则持续推进留抵退税制度的建立与完善,从退税过程上统一支持。

从退税数额上看,我国的增值税发生退税的主要原因是出口退税,为促进贸易增长,党中央、国务院对退税率进行了多次调整,以激励出口。

2018 年 10 月 8 日,国务院总理李克强主持国务院常务会议,确定了完善出口退税政策、加快退税进度的措施,将出口退税率为 15% 的全部货物、13% 的部分货物退税率提至 16%;9% 的提至 10%,其中部分提至 13%;5% 的提至 6%,部分提至 10%。以上措施将出口退税率调整为与对应增值税率一致,保证出口退税政策切实为企业减轻税负。

2019 年 3 月 20 日,财政部、国家税务总局、海关总署联合发布公告,进一步将上述出口退税率分别调整为与对应增值税相适应的 13%、9%,增强了增值税制度的整体性、一致性。

从退税过程上看,增值税退税制度建立以来,最主要的退税方式是当期或留转下期抵扣企业销项税额,企业无法直接得到退返的税金。当企业面临业务调整,或宏观经济形势发生变化时,留抵制度可能因其跨期兑现的特点,对

企业的经营行为造成扭曲。而留抵退税制度的建立,使得增值税退税能够以资金的形式返还企业,降低经营风险,释放经济活力。

2018年6月27日,财政部、国家税务总局联合发布《关于2018年退还部分行业增值税留抵税额有关税收政策的通知》,将支持增值税留抵退税的范围扩大至装备制造等先进制造业、研发等现代服务业及电网企业。

2019年3月20日发布的《关于深化增值税改革有关政策的公告》中提出"试行增值税期末留抵税额退税制度",自2019年4月1日起,增值税期末留抵税额退税制度正式施行,将结转下期抵扣的留抵税额退还给符合规定条件的纳税人。

2.实施效果与存在问题

从经营者角度看,退税制度的完善,使得满足退税条件的企业收获了实惠,真正减轻了税收负担,获得利润的提升;从社会角度看,留抵税额退税制度的建立和施行,将原来增值税占压的企业资金交还企业,赋予市场更多流动性,激发了市场活力。但从政府角度看,增值税退税制度的改革要求税务部门提升税收征收和管理效率,对退税过程的监管和审查提出了挑战,且各地由于产业结构不同,政府的退税责任和财政状况也有所不同,可能给出口地、生产地、企业注册地政府之间造成矛盾。为解决上述问题,国家应同时推进税收征管制度改革,充分利用互联网、大数据技术提高征管水平,促进税收征管的精准化、智能化;提高政府间互通共治水平,进一步完善政府间转移支付制度,继而形成公平的税收环境和财政关系。

(三)扩大抵扣范围,实施加计抵减,完善增值税抵扣体系

1.基本政策

为发挥增值税制度的税收中性,进一步完善增值税抵扣链条,继续提升结构性减税效果,国家在2019年深化增值税改革中提出了扩大抵扣范围、实施加计抵减的措施。

其中,最主要的规定包括:将不动产进项税额分两年抵扣改为一次性全额抵扣,将国内旅客运输服务纳入支持抵扣范围,对生产、生活性服务业实施加计递减。

2. 实施效果与意义

增值税的抵扣范围进一步扩大、抵扣机制进一步完善,对完善增值税制度、建立与国际接轨的税收体系起到了重要作用。经营者收获了切实的减税利好,政府完成了征管体系上的制度统一,增值税及整个税制的税收中性都得到了加强。增值税链条日趋完整,串联起社会生产的各个行业、各个环节,既在征管上实现了一体化,又有助于产业融合及上下游生产衔接,既是构建现代化税制的必由之路,又是服务现代化产业结构的必然要求。

(四)完善针对小规模纳税人的制度设计,支持小微经营者发展

1. 基本政策

我国小规模纳税人的经营活动需要缴纳增值税,按简易征收法依征收率计征。党的十九大以来,党中央、国务院高度重视小微企业、个体经营者的发展,不断完善增值税制度中针对小规模纳税人的制度设计,切实支持小微经营者的发展。

在原有增值税政策体系中,小规模纳税人的界定标准包括年应税销售额50万元以下的工业企业、80万元以下的商业企业、500万元以下"营改增"后改征增值税行业的纳税人。2018年4月4日,财政部、国家税务总局联合发布了《关于统一增值税小规模纳税人标准的通知》,确定了增值税小规模纳税人500万元年应税销售额的划分标准,并且允许符合条件的一般纳税人转登记为小规模纳税人。

2019年1月17日,财政部、国家税务总局联合发布了《关于实施小微企业普惠性税收减免政策的通知》,免征月应税销售额10万元以下小规模纳税人的增值税。

2020年春,新冠肺炎疫情暴发以后,实体经济遭受冲击,国家迅速对增值税制度进行调整,帮助小规模纳税人渡过难关。2020年2月28日,财政部、国家税务总局发布《关于支持个体工商户复工复业增值税政策的公告》,对湖北省增值税小规模纳税人适用3%征收率的应税销售收入免征增值税,对其他省、自治区、直辖市同等情况的小规模纳税人减按1%征收增值税。此后又多次延长这一优惠政策的期限,2021年3月17日财政部、国家税务总局再次

发布文件,延长优惠政策的执行期限至 2021 年 12 月 31 日。在疫情防控取得重大成果后,为继续支持企业纾困和发展,2022 年 1 月 19 日,国务院常务会议指出,将在前期已对部分到期税费优惠政策延期的基础上,再延续执行涉及科技、就业创业、医疗、教育等另外 11 项税费优惠政策至 2023 年年底。①

2.实施效果与意义

小微经营者是国民经济中重要的组成部分,但受制于规模因素,其增长能力和抵御风险的能力较弱。为实现共同富裕的目标,政府必须给予小规模纳税人一定的税收优惠,以支持其经营活动。对小规模纳税人的界定标准的统一,提高了增值税制度的整体性、一致性、公平性,适应了产业融合、多元经济的发展趋势。在此界定标准上,针对部分小规模纳税人免征增值税的规定,减轻了经营者的经营压力,起到了培育和支持小微企业发展、还富于民的作用。在面对疫情冲击时,及时降低增值税征收率,为复工复产提供财税制度的支撑,结合不同层次、不同方面的刺激政策,发挥了逆周期调节的作用。

## 第二节　消费税改革

消费税是我国 1994 年税制改革在流转税中新设置的一个税种,具有调节收入分配、促进社会公平、引导消费行为等功能。起初,我国选定了 11 类需要特殊调节的商品征收消费税,2006 年调整为 14 个,又经 2008 年《消费税暂行条例》等历次调整修订。党的十八大到十九大期间,我国又对成品油、电池涂料以及化妆品等奢侈品消费税进行了调整。目前,我国消费税包括烟、酒、油、车等 15 个税目。党的十九大以来,消费税调整主要包括征收管理以及流程的规范化、后移征收环节等,经过逐步改革和完善,消费税税制框架基本成熟,消费税税制要素基本合理,运行基本平稳。

---

① 财政部、国家税务总局:《关于延续实施应对疫情部分税费优惠政策的公告》,国家税务总局官网,2021 年 3 月 17 日。

## 一、党的十八大至十九大：降低成本、保护环境，刺激消费、拉动经济发展

2013 年，党的十八届三中全会在加快消费税改革方面作出重要部署，提出要着重调整消费税征收范围、征收环节、成品油消费税税率，把高耗能、高污染产品及部分高档消费品纳入征收范围。

（一）全面调整油类、涂料电池消费税，减少污染、推动绿色发展

1. 基本政策

在党的十八大到十九大期间，国家对油类以及电池涂料消费税进行全面调整，其中成品油消费税大幅提升，工业油料部分免税，石脑油、燃料油退税政策得到完善。针对电池涂料等会造成环境污染的商品征收消费税，能够起到促进我国生态环境改善的作用，具体政策如下：

2011 年 9 月，财政部、中国人民银行、国家税务总局发布《关于延续执行部分石脑油、燃料油消费税政策的通知》，对成品油消费税退税政策进行调整，一方面对退税科目提出更明确的要求，另一方面更加重视完善退税流程，从申请、办理、审核以及退税四个环节都作出了明确要求。

2013 年 12 月，财政部、国家税务总局发布《关于明确部分征收进口环节消费税的成品油税目的通知》，对进口的灯用煤油、进口的含有生物柴油的成品油、不符合国家《柴油机燃料调合用生物柴油》征收消费税。

2013 年 12 月，财政部、国家税务总局发布的《关于对废矿物油再生油品免征消费税的通知》规定，对以回收的废矿物油为原料生产的润滑油基础油、汽油、柴油等工业油料免征消费税，加强监管，打击违规排放、弄虚作假以骗取政策优惠的违法行为。

2014 年 11 月，财政部、国家税务总局发布《关于提高成品油消费税的通知》，将汽油、石脑油、溶剂油和润滑油消费税单位税额在现行基础上提高 0.12 元/升，柴油、航空煤油和燃料油的消费税单位税额在现行基础上提高 0.14 元/升。

2014 年 12 月，财政部、国家税务总局发布《关于进一步提高成品油消费

税的通知》,将汽油、石脑油、溶剂油和润滑油的消费税单位税额提高到1.4
元/升,将柴油、航空煤油和燃料油的消费税单位税额提高到1.1元/升,航空
煤油继续暂缓征收。

2015年1月,《关于继续提高成品油消费税的通知》发布,消费税单位税
额继续提升,汽油、石脑油、溶剂油和润滑油的消费税单位税额由1.4元/升提
高到1.52元/升,而柴油、航空煤油和燃料油的消费税单位税额由1.1元/升
提高到1.2元/升。

对于征收电池涂料消费税,2015年1月,财政部、国家税务总局发布《关
于对电池、涂料征收消费税的通知》,对电池、涂料在生产、委托加工和进口环
节征收消费税,税率均为4%。对无汞原电池、金属氢化物镍蓄电池、锂原电
池、锂离子蓄电池、太阳能电池、燃料电池和全钒液流电池、施工状态下挥发性
有机物含量低于420克/升(含)的涂料免征消费税。

2.实施效果与现实意义

对成品油、电池涂料等税目进行调整,主要目的是倡导节能减排,在社会
传递保护环境生态、减少资源能源消耗的导向。这促进了新能源产业的快速
推广与发展,天然气产量快速增长,锂电池、太阳能电池等新能源产品也得到
快速发展,有利于促进我国经济的可持续发展,加快推进生态文明建设。

(二)调整高档消费品、摩托车等商品消费税,引导刺激消费、拉动经济
发展

1.基本政策

党的十八大报告指出,要构建地方税体系,形成有利于结构优化、社会公
平的税收制度,调整高档消费品、摩托车等商品消费税,可以有效刺激当地居
民消费,带动地方经济良好发展。

2014年11月,财政部、国家税务总局发布《关于调整消费税政策的通
知》,取消气缸容量250毫升以下的小排量摩托车消费税,取消汽车轮胎税
目、车用含铅汽油消费税以及酒精消费税。

2016年9月,财政部、国家税务总局发布《关于调整化妆品消费税政策的
通知》,将化妆品消费税征收范围调整为高档美容修饰类化妆品、高档护肤类

化妆品,取消对普通美容、修饰类化妆品征收消费税,并将进口环节消费税税率由 30% 下调为 15%。

2016 年 11 月,财政部、国家税务总局发布《关于对超豪华小汽车加征消费税有关事项的通知》,规定"小汽车"税目下增设"超豪华小汽车"子税目。对超豪华小汽车,在生产或进口环节按照现行税率征收消费税基础上,在零售环节加征 10% 的消费税。此外,对我国驻外使领馆工作人员、外国驻华机构及人员、非居民常住人员、政府间协议规定等应税进口自用、且完税价格 130 万元及以上的超豪华小汽车消费税,按照生产(进口)环节税率和零售环节税率加总计算,并由海关代征。

2. 实施效果与现实意义

随着经济社会发展,居民消费水平逐渐升级,通过取消征收如小排量摩托车、轮胎等的消费税,下调高档化妆品消费税税率,能够降低消费者的合理消费负担,顺应居民消费水平提升的需求。此外,下调高档化妆品消费税,一方面可以降低企业成本和消费者负担,另一方面有益于化妆品行业海外消费的回流,提升国内消费体验和环境。而对超豪华小汽车加征消费税,不仅可以增加税收收入,还可以引导消费朝着绿色环保的方向发展。

## 二、党的十九大以来:消费税征管进一步完善,后移征收保财力格局

党的十九大报告提出,要深化税收制度改革,健全地方税体系。在此之前,消费税的一系列改革措施主要围绕逐步扩大范围,零散部分推动、缺乏整体推进,存在诸如征收范围偏窄、环节较单一、税率结构需要调整等问题。党的十九大以来,我国在消费税方面进一步完善,如完善消费税征收管理程序,后移消费税征收环节等,使得我国消费税制度更加完备。

(一)征收管理规定明确,制度程序全面完整

1. 基本政策

2018 年 1 月,国家税务总局发布《关于成品油消费税征收管理有关问题的公告》,对如何开具成品油发票、纳税申报表调整的内容、纳税申报实行比

对及具体衔接作出了说明规定。

2021年5月,财政部、海关总署、国家税务总局发布《关于对部分成品油征收进口环节消费税的公告》,对规定税则号的进口产品,按固定税额征收进口环节消费税。

2.实施效果与现实意义

本次改革进一步明确了成品油消费税的征收,完善了成品油消费税制度,有利于提升征管工作质量、改进征管效率,引导企业依法纳税,促进成品油行业健康发展。

(二)拟后移消费税征收环节,拓展财政收入,确保收入格局稳定

1.基本政策

2019年9月,国务院印发《实施更大规模减税降费后调整中央与地方收入划分改革推进方案》,提出要后移消费税征收环节并稳步下划地方,在征管可控的前提下,将部分在生产(进口)环节征收的现行消费税品目逐步后移至批发或零售环节征收,同时先对高档手表、贵重首饰和珠宝玉石等条件成熟的品目实施改革,再结合消费税立法对其他具备条件的品目实施改革试点。

2.实施效果与现实意义

消费税征收环节后移,由生产环节逐步调整为消费环节征收,有利于补充地方税收收入来源,完善地方税收体系建设;同时,引导地方更多地关注和改善营商环境、消费环境,促进内需增长,加快构建以国内大循环为主体、国内国际双循环相互促进的新发展格局。

# 第三节　企业所得税改革

企业所得税是对我国境内的企业和其他取得收入的组织的生产经营所得和其他所得征收的一种所得税,是我国直接税的最大税种。企业所得税作为主体税种之一,除了筹集财政收入功能之外,还具有调节收入分配、激发市场主体活力、促进经济发展等作用。改革完善企业所得税,是建立现代化税收制度,推动实现国家治理体制和治理能力现代化的现实需要。

## 一、党的十八大至十九大：降低企业税负，完善税制，加快转变经济发展方式

党的十八大以来，我国企业所得税改革不断，出台了一系列税收优惠与税收管理政策，对创新激励、完善企业所得税管理与审查机制起到极大促进作用。同时对企业所得税的改革有助于去杠杆，降低金融风险。

（一）加大税收优惠力度，降低企业税负

1.小型微利企业所得税优惠

企业所得税法明确规定了对小型微利企业实施税收优惠，为了更大力度地支持小型微利企业发展，最大限度地发挥小型微利企业在就业、民生以及维护社会稳定等方面的作用，在对小型微利企业减半征收企业所得税政策基础上，国家近几年不断地更新小型微利企业优惠政策。

2014年，财政部和国家税务总局印发《关于小型微利企业所得税优惠政策有关问题的通知》，规定从2014年1月1日起至2016年12月31日止，小型微利企业年应纳税所得额低于10万元的其所得减按50%计入应纳税所得额，并按20%税率缴纳企业所得税。此后，国家又不断加大税收优惠力度。

2015年2月，国务院将小微企业所得税减半征税范围由10万元调整为20万元。2015年10月，将减半征税范围扩大到年应纳税所得额30万元（含）以下的小微企业。2017年提升到50万元，2018年再次提升到100万元。

2019年年初，此项政策进一步调整，对年应纳税所得额不超过100万元的部分，减按25%计入应纳税所得额，按20%的税率缴纳企业所得税；超过100万元但不超过300万元的部分，减按50%计入应纳税所得额，按20%的税率缴纳企业所得税。2021年年初，又对年应纳税所得额不超过100万元的部分，减按12.5%计入应纳税所得额。

小微企业在经济发展中扮演重要角色，是稳定国家经济和保障民生的重要载体。党的十八大到十九大期间，国家先后多次扩大小型微利企业所得税享受优惠范围，体现了党中央对小微企业的重视和支持，这增强了国内企业特别是小微企业的信心，产生了积极的经济效应和社会效应。

### 2. 固定资产加速折旧优惠

2014 年 10 月,财政部、国家税务总局发布《关于完善固定资产加速折旧企业所得税政策的通知》,规定对生物药品制造业,专用设备制造业,铁路、船舶、航空航天和其他运输设备制造业,计算机、通信和其他电子设备制造业,仪器仪表制造业,信息传输、软件和信息技术服务业六大行业的企业,2014 年 1 月 1 日后新购进的固定资产,可缩短折旧年限或采取加速折旧的方法。其中单位价值不超过 100 万元的小型微利企业,允许一次性计入当期成本费用在计算应纳税所得额时扣除。

2015 年 9 月,国家税务总局发布《关于进一步完善固定资产加速折旧企业所得税政策有关问题的公告》,规定轻工、纺织、机械、汽车 4 个领域的小型微利企业 2015 年 1 月 1 日后新购的研发和生产经营共用的仪器、设备,区分单价是否超过 100 万元,分别实行一次性税前扣除或加速折旧政策,并对有关折旧年限、折旧方法、计提减值准备等方面的税费差异进行了更明确的规定,有利于方便纳税人纳税申报和税务机关税收征管。

对固定资产实行加速折旧的企业所得税优惠,能够改善企业现金流,拉动企业投资、促进设备升级换代,同时鼓励企业开展创新研发,提高技术水平,对促进我国产业结构升级、加快发展"中国智造"具有积极作用。

#### (二)完善企业重组所得税税制,有力推动税收市场化与国际化

在党的十八大到十九大期间,企业重组的所得税政策体系不断完善。财政部、国家税务总局在 2013—2015 年接连发布相关改革文件,为进一步优化企业兼并重组的市场环境作出努力。

2014 年在 2013 年的基础上扩大了重组特殊性税务处理范围,进行了降低收购股权(资产)比例的调整,借鉴国际经验,将股权收购和资产收购确定为 50%。并且对非货币性资产投资给予了递延纳税政策。在 2015 年进一步明确企业股权或资产划转企业所得税相关征管问题。

对有关企业的企业所得税政策的修订完善,是促进经济结构战略性调整的重大举措,体现了我国积极调整企业所得税政策以适应新时代国际国内经济发展要求,为支持企业做大做强、拓展国际国内市场、优化产业结构提供了

有力的税收政策支撑。

## 二、党的十九大以来：加大企业所得税优惠力度，推动研发创新、助力共同富裕

党的十九大以来，我国推行积极财政政策背景下的减税降费，以促进供给侧结构性改革、提升经济发展质量。2017 年和 2018 年，在企业所得税税前扣除和小微企业减征等方面给予了更多优惠，进一步完善了我国的企业所得税制，激发了市场主体活力。

（一）提高研发费用加计扣除比例，鼓励科技创新

研发费用税前加计扣除政策事关我国科技发展，对企业降低税负、节约现金流、加大研发投入有着至关重要的作用。党的十九届五中全会提出，加快构建以国内大循环为主体，国内国际双循环相互促进的新发展格局。在新发展格局中，加强科技创新是关键。建立有利于促进科技创新的制度环境，是加快形成新发展格局、推动经济高质量发展的必要条件。

2017 年 4 月，国务院常务会议决定，自 2017 年 1 月 1 日至 2019 年 12 月 31 日，将科技型中小企业研发费用税前加计扣除比例由 50% 提高至 75%。2018 年 7 月将该优惠范围由科技型中小企业扩大至所有企业，将企业研发费用加计扣除比例统一提高到 75%。2018 年，国家再次出台新规，对形成无形资产的，在 2018 年 1 月 1 日至 2020 年 12 月 31 日期间按照无形资产成本的 175% 在税前摊销。对于制造业企业，规定自 2021 年 1 月 1 日起按照实际发生额的 100% 在税前加计扣除；形成无形资产的，自 2021 年 1 月 1 日起，按照无形资产成本的 200% 在税前摊销。2021 年 9 月，国家再次发布公告，允许企业自主选择提前享受前三个季度研发费用加计扣除优惠，即在原先半年的基础上多享受一个季度。

党的十九大以来，我国持续提高研究开发费用税前加计扣除比例，同时界定了科技型中小企业的范围和标准，并进一步明确研发费用税前加计扣除归集范围。作为我国减税降费政策中最主要的政策手段，企业研发费用加计扣除优惠政策使得税收红利不断释放。截至 2021 年 10 月底，全国各类企业提

前享受加计扣除金额 1.3 万亿元,减免税额 3333 亿元,18.6 万户制造业企业加计扣除金额达 9036 亿元,减免税额 2259 亿元,制造业企业占享受优惠企业总数的 57.7%,其减免税额占全部减免税额的 67.8%。通过提升加计扣除比例,突出了政策的明确导向,使减税政策含金量更高、靶向性更准,有效促进和激励企业积极开展研发活动。

(二)落实公益性捐赠支出企业所得税税前结转扣除政策,扎实推动共同富裕

我国在所得税政策设计和实践上,一直对企业公益性捐赠支出给予特殊的政策支持。2008 年实施的《中华人民共和国企业所得税法》规定企业公益性捐赠支出在年度利润总额 12%的部分准予税前扣除。2017 年进一步规定公益捐赠超过年度利润总额 12%的部分,准予结转以后三年内扣除。2018年,财政部、税务总局再次进行相应调整,规定企业发生的公益性捐赠支出未在当年税前扣除的部分,准予向以后年度结转扣除,但结转年限自捐赠发生年度的次年起计算最长不得超过三年。

面对新冠肺炎疫情冲击,为鼓励企业、个人等社会力量积极向疫情防控事业捐赠,尽快战胜疫情,国家在 2020 年出台了对疫情捐赠企业的所得税支持政策。政策规定,企业和个人通过公益性社会组织或者县级以上人民政府及其部门等国家机关,捐赠用于应对新冠肺炎疫情的现金和物品,允许在计算应纳税所得额时全额扣除。针对疫情紧急的特点,企业直接向承担疫情防控任务的医院捐赠用于应对疫情的物品,也允许在计算应纳税所得额时全额扣除,使得程序更加简便。

党的十九大以来的公益捐赠支出所得税税前扣除改革,在原有的政策基础上变得更加灵活。疫情捐赠的所得税政策放宽了比例和程序的限制,体现了国家对疫情防控的支持。在强调三次分配、促进共同富裕的背景下,公益捐赠支出所得税税前扣除改革对于一次性大额捐赠的企业带来政策利好,体现了国家积极促进慈善事业发展、引导社会力量调节收入分配的政策导向。

(三)扩大企业职工教育经费税前扣除范围,提升劳动者技能

党的十八大到十九大期间,财政部、国家税务总局印发的《关于高新技术

企业职工教育经费税前扣除政策的通知》,规定高新技术企业职工教育经费税前扣除比例由工资薪金总额的 2.5% 提高至 8%,超过 8% 的部分可以结转至以后年度扣除。而在 2018 年,财政部与国家税务总局再度改革,规定自 2018 年 1 月 1 日起,企业发生的职工教育经费支出,不超过工资薪金总额 8% 的部分,准予在计算企业所得税应纳税所得额时扣除;超过部分准予在以后纳税年度结转扣除。

职业技能培训是全面提升劳动者就业创业能力、缓解技能人才短缺的结构性矛盾、提高就业质量的根本举措,是适应经济高质量发展、推进供给侧结构性改革的内在要求,对推动制造强国建设、提高全要素生产率具有重要意义。对企业职工教育经费的税前扣除范围由高新技术企业扩大到所有企业,将激励企业通过培训提升职工素质、提高职工工作能力,从而助推企业创新发展与经济高质量发展。

(四)我国企业所得税的未来改革方向

当下,数字经济改变了跨国公司的经营模式,对税制带来挑战。OECD 建议设定"全球最低所得税税率",以削弱跨国公司向低税率国家或地区转移利润的动机,避免全球税收恶性竞争。在全球最低税背景下,我国未来的企业所得税改革可以借鉴 OECD 方案,研究对我国互联网平台公司征收数字税(费)的可行性,有利于解决跨地区税收不公平的问题。另外,为保持我国对海外跨国公司的吸引力,也可考虑以降费替代减税,同时大力推进"放管服"改革,改善营商环境,提升国际竞争软实力。

# 第四节　个人所得税改革

个人所得税,是对个人的各项所得课征的一种直接税,也是国家财政收入的主要来源之一。

作为调节居民收入分配的有效途径,个人所得税在缩小贫富差距、促进社会公平、构建科学税制方面发挥着重要作用。党的十八大至十九大期间,我国深化个人所得税改革,结合经济发展状况与实际国情对个税政策进行调整,在个别领域进行税负减免,有效改善民生,提高了纳税人的获得感;党的十九大以来,我国颁布新个税法,进一步促进公平,税制趋于规范化、合理化,综合与分类相结合的税制推行,符合当前国家税收征管能力与税制改革方向,更使得这一阶段的个人所得税改革具有里程碑意义。

根据党的十八大以来不同时期个人所得税改革的内容,改革历程可分为以下两个阶段。

## 一、党的十八大至十九大:优化行业税收环境,加大税收优惠

(一)完善投资所得税收制度,促进市场发展

自 2005 年起,我国对个人从上市公司取得的股息红利所得,暂减按 50% 计入应纳税额,实际税负为 10%;[1]2013 年 1 月 1 日,股息红利差别化个人所得税政策开始实施。该政策对个人取得上市公司股票股息红利的所得税税额作出规定,持股期限越长,税负越低,在持股超过一年时,个人所得税实际税负低至 5%;持股一个月至一年,税负为 10%;持股一个月以内,税负则为 20%。[2]2015 年 9 月 8 日,政策进一步作出调整:对持股期超过 1 年的投资者所取得的股息红利暂时免征个人所得税,减税优惠力度加大,便于税收政策导向作用的实现。

股息红利差别化个人所得税政策有利于促进长期投资,减少为炒作而短期持股、扰乱市场秩序的现象。实践证明,政策实施后投资环境得到优化,在一定程度上完善了证券市场的税收制度,为资本市场持续健康发展奠定了税制基础。

此外,在引导投资方面,2015 年 4 月 1 日,财政部将个人非货币性资产投资分期缴税政策在全国范围内推行,该政策此前于上海自贸区进行试点。[3]

---

[1] 财政部、国家税务总局:《关于股息红利个人所得税有关政策的通知》,国家税务总局官网,2005 年 6 月 13 日。

[2] 财政部、国家税务总局、证监会:《关于实施上市公司股息红利差别化个人所得税政策有关问题的通知》,国家税务总局官网,2012 年 11 月 16 日。

[3] 财政部、国家税务总局:《关于个人非货币性资产投资有关个人所得税政策的通知》,国家税务总局官网,2015 年 3 月 30 日。

政策综合考虑投资金额大、纳税人缺乏纳税资金等因素,明确个人非货币性资产投资的应缴所得税额可分期缴纳,降低了纳税人的税负,为个人投资注入活力,有利于民间资本的持续发展。

在资本市场中,量化交易作为"数字革命"的表现形式,是促进资本市场良性发展的关键。近年来,我国多次出现沪深两市日交易额破万亿现象,表明量化交易得到市场认可。在风险管理方面,量化策略相较于非量化策略更具优势,有利于提高证券市场的流动性;但高频量化交易可能会诱发贫富分化问题,引起公平性争议。个税改革可进一步朝鼓励个人投资者转变理念、促进共同富裕的方向迈进,注重平衡投资人的风险收益预期,使更多资金投入基金市场,充分发挥我国资管行业发展空间大的优势。

(二)改革年金个税政策,完善社保体系,合力托举民生

按照财政部要求,自2014年1月1日起面向企业、职业年金执行个人所得税递延纳税优惠政策。政策规定,对于个人未超过标准的年金个人缴费部分,暂从个人当期应缴所得税额中扣除;对于个人从企业、职业年金中所获投资收益,个人暂不缴纳所得税;对于个人实际领取的企业、职业年金,依据相关规定征税,即在年金的实际领取环节履行纳税义务。①

企业、职业年金是我国补充养老保险的核心部分,个税政策在年金方面的调整,为构建更加综合的社会保险体系奠定了基础。政策启动后,在享受递延纳税福利的同时,年金参保者还将面临税负的减免,有利于进一步推动国家养老保险事业全面发展。

2016年开始实施、并于2017年推广至全国的商业健康保险个税改革试点政策,对个人买入且符合相关要求的商业健康保险支出,在计算应缴所得税额时准予税前扣除②,鼓励购买商业保险以弥补社会保障的不足,为商业健康保险发展注入了新动力,并推动了医疗保障事业发展。

---

① 财政部、人力资源和社会保障部、国家税务总局:《关于企业年金职业年金个人所得税有关问题的通知》,国家税务总局官网,2013年12月6日。
② 财政部、国家税务总局、保监会:《关于将商业健康保险个人所得税试点政策推广到全国范围实施的通知》,国家税务总局官网,2017年4月28日。

## 二、党的十九大以来：颁布新个税法，实行综合与分类相结合的税制

2018 年政府工作报告中提出，应深化税制改革，通过提高免征额、增加专项扣除等途径切实做到优化税制，减轻税负。2018 年 8 月 31 日，全国人大常委会通过关于修改《中华人民共和国个人所得税法》的决定，新个税法在免征额、部分税率级距等方面作出调整，新增专项附加扣除项目，对 4 项劳动性所得开始实行综合征税，迈出推行综合与分类相结合税制的第一步。

（一）提高免征额，缓解纳税压力，增强消费能力

免征额是个人所得税征收环节中的重要要素之一，2018 年通过的新个税法对个人所得税免征额作出调整。自 2018 年 10 月 1 日开始，个人基本减除费用标准由原先每月 3500 元上升至每月 5000 元。

表 5-1　我国个税免征额历史调整情况

| 年份 | 1980 | 2006 | 2008 | 2011 | 2018 |
|---|---|---|---|---|---|
| 免征额/元 | 800 | 1600 | 2000 | 3500 | 5000 |

资料来源：根据个人所得税政策整理所得。

上调个税免征额是国家合理安排税收政策的有力证明，有助于减少中低收入者的税收负担，促进居民可支配收入增加、消费能力增强；同时，该项改革措施也发挥了个人所得税对于收入的再分配调节作用，对推动实现共同富裕奋斗目标具有重要意义。

（二）优化税率级距，调节贫富差距

新个税法将应纳税所得调整至按年计算，优化部分税率级距；对于综合所得税率，扩大 3%、10%、20% 三档税率的级距，缩小 25% 档税率的级距，继续沿用 30%、35% 与 45% 三档税率级距，使得大部分纳税人享受到减税红利；对于经营所得税率，对各档级距相应地进行优化调整，提高最高档级距下限至每年 50 万元。

在我国，收入水平相对较低的工薪阶层是缴纳个税的主要群体。新个税

法对综合所得税率结构的调整,是对调节收入分配需求的统筹考虑。针对低税率级距进行修改,使更多纳税人将适用低税率,体现了对中低收入者的政策倾斜;较高三档税率级距保持不变,意味着对高收入人群征税力度大,有利于调节全社会收入差距,也体现出此项改革措施对公平原则的重视。

(三)平衡个体差异,完善扣除机制

根据新个税法计算应纳税额,扣除费用除了此前的"三险一金"专项扣除之外,新增专项附加扣除项,意味着纳税人多项支出可以抵税。专项附加扣除项目与个人生活息息相关,包括子女教育、继续教育、赡养老人等扣除,是税制改革的一次新尝试。

专项附加扣除综合考虑了不同家庭负担的差异性,体现了税收政策对调节个体差异的重视,在减轻税负、降低居民生活成本的同时,也对社会产生积极导向作用,主要表现在鼓励结婚生育、赡养老人、通过教育提升居民素质等方面。

(四)逐步推行综合与分类相结合的个人所得税制

1996 年 3 月,第八届全国人民代表大会第四次会议通过《中华人民共和国国民经济和社会发展"九五"计划和 2010 年远景目标纲要》,提出应建立"分类与综合相结合"的个人所得税制。新个税法实施后,对工资薪金、劳务报酬、稿酬和特许权使用费 4 项劳动性所得开始实行综合征税;考虑到现实情况与当前征管水平,对经营所得、利息、红利等收入仍采用分类征收制度。

综合征税相对于分类征税,能够平衡收入来源不同的纳税人税负,收入水平相同的纳税人将承担同等税收负担,有利于实现税收的横向公平。该项改革措施的实行,是我国个人所得税改革历程中具有重大意义的一步,自此,我国由分类税制迈向综合与分类相结合的税收制度建设。

(五)根据个税改革实行的其他措施

此次个人所得税改革意义重大,为保障新税制平稳运行,税法制定了自行申报、反避税条款、纳税信用运用等 6 项配套措施。配套措施的出台便利了个人所得税的征收管理,借鉴国外税制经验,打击破坏市场秩序的避税行为,有利于合理调配征管资源,保障纳税人权益,落实好新的税收制度。

为与新个税法相协调,完成政策衔接工作,财政部门也对个人取得的、适用个税应税所得项目的有关收入作出规定,如将个人提供担保的收入、无偿受赠房屋的受赠收入计入"偶然所得",将税收递延商业养老保险中所得养老金收入按要求计入"工资、薪金所得"等。① 此外,为规范所得项目的确认,顺应现有制度趋势,新个税法取消国务院财政部门确定的"其他所得"项目,以提高征管效率,促进各环节衔接。

在征管体系方面,我国积极探索,建立自然人税收征管机制,自然人税收征收管理系统(ITS)开发并升级,纳税人可以通过自然人办税平台报送专项附加扣除信息,办理汇算清缴申报等纳税事宜。自2019年起,我国个人所得税采用预扣预缴、次年综合汇算的计算方法,纳税人在次年需要汇算清缴本年度综合所得,对平时预缴的税费进行多退少补。② 我国税制体系不断完善、税法宣传力度加大、征管水平持续优化,对提升纳税人的税收遵从度意义重大,有利于督促纳税人积极履行纳税义务。

个人所得税改革是税收制度创新与发展的重点环节之一,对我国税制体系的构建影响深远。自党的十八大以来个人所得税改革政策导向性明确,对资本市场、社会建设中与税收相关的部分作出适当调整,适应了我国税制进步的需要;党的十九大以后,个人所得税实现重大变革,新个税法的颁布更象征着我国税制体系的发展与完善。新个税法注重针对性减负,为纳税人带来了税收红利;全面减轻税收负担,调整收入分配,促进了社会公平的实现,为个人所得税制度的现代化进程奠定了基础。

## 第五节　其他税种改革

党的十八大以来,我国其他税种如资源税、环境保护税、房产税、耕地占有税、城镇土地使用税、契税等税种立足国家重大发展战略与方针,持续推行一

---

① 财政部、国家税务总局:《关于个人取得有关收入适用个人所得税应税所得项目的公告》,国家税务总局官网,2019年6月13日。

② 国家税务总局:《关于全面实施新个人所得税法若干征管衔接问题的公告》,国家税务总局官网,2018年12月19日。

系列改革,在政治、经济、生态、民生等方面发挥着重要作用,运行平稳,成果斐然。本节主要介绍"党的十八大至十九大期间"及"党的十九大以来"两个历史阶段中我国资源税、环境保护税以及房地产税的相关税收制度改革。

## 一、资源税

我国自然资源总量丰富,但人均相对稀缺。随着社会经济的发展和工业化、城镇化水平的提高,环境资源的稀缺性与社会经济发展对资源增长需求的矛盾愈发凸显,资源税改革成为我国新时期深化财税体制改革的重要内容。

(一)党的十八大至十九大:全面推进资源税改革,开展地区试点

党的十八大以来,资源税改革的要求与方向不断明确,力度不断加强。党的十八届三中全会中提出"加快资源税改革""实行资源有偿使用制度和生态补偿制度,逐步将资源税扩展到占用各种自然生态空间"。2016 年 5 月,财政部、国家税务总局下发《关于全面推进资源税改革的通知》,集中解决资源税征收范围较窄、税费重叠、税权集中等问题。2017 年,河北省率先试点水资源税改革,倒逼企业调整用水结构,提高水资源利用率。

党的十八大以来的资源税改革,坚持清费立税、合理负担、适度分权、循序渐进的原则。在征收范围上,扩展到水流、森林、草原、滩涂等自然生态空间,并首次将水资源纳入征税范围;在计税依据上,全面推开从价计征,增强税收调节功能;在收费基金上,全面清理涉及的相关收费基金,缓解矿产企业压力。总体而言,改革促进了税收效率和资源综合利用率的同步提高,规范征收范围、行为,理顺资源税费关系,进一步完善绿色税制构建,有效推动优化经济结构和发展方式。

(二)党的十九大以来:深化资源税改革,推动正式立法

党的十九大报告中提出,"加快建立绿色生产和消费的法律制度和政策导向,建立健全绿色低碳循环发展的经济体系",为资源税改革指明方向。

党的十九大以来,我国进一步推动资源税制改革立法。2019 年 8 月,十三届全国人大常委会第二十次会议通过了《中华人民共和国资源税法》。资源税法将原油、天然气、煤炭、其他非金属矿原矿、黑色金属矿原矿、有色金属

矿原矿、盐 7 类资源纳入征税范围,并对正在进行水资源税改革的试点作出规定;税法所列 164 个税目中的 158 个实行从价计征,推出税收优惠政策,大力推行减税降费政策,简化纳税申报,更好地发挥税收杠杆对绿色发展的促进作用。

资源税改革立法,是贯彻落实党的十九大精神、践行绿色发展理念、促进完善地方税体系的重要举措,以法律形式确立了资源税从价计征为主、从量计征为辅的税率形式,使资源税能够更好反映资源价格的市场变化,更好发挥税收在推进生态文明建设和高质量发展方面的引导作用,同时减税降费、税收优惠等政策惠及民生,减轻纳税负担,推进绿色发展,促进资源集约化使用。

## 二、环境保护税

随着生产力的不断提高和社会经济的高速发展,我国环境污染问题日益凸显。1979 年确立的排污费制度为环境污染防治作出了重要贡献,然而,由于征管不规范、征收范围小、立法层级低等问题,一定程度上导致效率损失和不公平,同时,我国也一直缺少针对污染环境的行为所课征的税种,环境保护税的设立呼之欲出。

(一)党的十八大至十九大:提出清费立税,循序渐进推动改革立法

党的十八大报告中将生态文明建设放在突出地位,列入"五位一体"总布局,并提出"生态补偿制度",旨在通过税收手段进行调节,补偿对生态环境的污染与破坏。

1. 提出清费立税,循序渐进改革

2013 年 11 月,党的第十八届三中全会提出"推动环境保护费改税""用严格的法律制度保护生态环境"。2014 年 6 月,《深化财税体制改革总方案》提出要"建立环境保护税制度",坚持"重在调控、清费立税、循序渐进、合理负担、便利征管"的原则。

2. 确定税收立法,加速推进改革

2016 年 12 月 25 日,全国人大常委会通过《中华人民共和国环境保护税法》,这是在党的十八届三中全会明确提出"落实税收法定原则"后的第一部

税法,具体规定了环境保护税的征税对象为:大气污染物、水污染物、固体废物和噪声四类应税污染物。环境保护税兼具税费双重属性,具有过渡作用。

推动环境费改税,是我国环境治理由"末端治理"向"前端防治"的推进,是污染企业从"被动付费"到"主动减排"的转变,是完善税收立法、提高税收效率的必然要求,是落实生态文明建设的重要税制改革举措。

(二)党的十九大以来:排污费改征环境保护税,完善绿色税收体系

党的十九大报告中提出"必须树立和践行绿水青山就是金山银山的理念""加快建立绿色生产和消费的法律制度和政策导向",进一步强调生态文明建设的重要性,明确环保税的改革方向。

1. 税法正式实施,引领绿色发展之路

2017 年 12 月 30 日,国务院颁布《中华人民共和国环境保护税法实施条例》,2018 年 1 月 1 日,《中华人民共和国环境保护税法》开始实施,结束了施行近四十年的排污费制度,标志着我国绿色税收体系的进一步完善和发展。

2020 年,环保税纳税人户数已达 46.2 万户,与 2018 年 1 月 1 日环境保护税法实施之初的 26.7 万户相比,增长了 70%,而环保税税额却一直保持稳定甚至出现下降,2018 年、2019 年、2020 年分别实现税收收入 205.6 亿元、213.2 亿元、199.9 亿元,可见户均纳税额明显减少,税收杠杆作用明显。为进一步提高环保税的正向激励作用,大力推进优惠政策和减税降费力度,环保税法实施 3 年来,纳税人因低标排放累计享受减税优惠 102.6 亿元,因集中处理污水享受免税红利 152.2 亿元,因综合利用固体废物享受免税红利 39.9 亿元。

2. 展望未来发展,助力"双碳"目标实现

2020 年 9 月,习近平总书记在联合国大会上提出"碳达峰、碳中和"的"30·60"目标。未来,加强环保税税制顶层设计,不断推进绿色税制改革,解决污染源头问题,是促进可持续发展和加强生态文明建设的必由之路。

总体来看,在政策层面,环保税发挥了引导绿色发展的杠杆作用,形成了内在约束机制,加快了企业生产与经济发展方式的转变;税费关系方面,环保税理顺了环境税费关系和税收运行机制,解决了排污制度的缺陷;立法方面,环保税落实了"税收法定原则",规范化、合理化了征收行为;收入划归方面,

将收入纳入一般预算收入,全部划归地方,健全地方税体系,拓宽地方税范围。当然,总的来看,环保税的生态环境保护意义远大于增加地方收入的意义。

### 三、房地产税

房地产税制改革是深化财政改革、建立现代化财政制度体系的重要组成部分,也是我国供给侧结构性改革中的重要一环,有利于调控房地产市场价格,完善中央与地方财税体系,推动构建现代化财政体系。

（一）党的十八大至十九大:稳步推进改革,围绕要求规划立法

我国现行的房地产税收体系包括开发、流通、保有环节,涉及房产税、耕地占有税、城镇土地使用税、契税等税种。

党的十八大以来,我国逐步推进房地产税制改革。党的十八届三中全会提出"加快房地产税立法并适时推进改革",并针对房地产税"重流转、轻保有"的状况,要求"加快房地产税立法和改革步伐,提高保有环节的税收"。2014年政府工作报告指出,"做好房地产税、环境保护税立法相关工作";2015年,房地产税法被正式纳入十二届全国人大常委会立法规划。

在此阶段,我国房地产税制改革稳步推进,适当提升保有环节税负,并从单一税种的调整逐步扩展到房地产税收体系的改革。

（二）党的十九大以来:完善规划部署,加快推出试点城市

党的十九大报告指出,"加快建立现代财政制度,建立权责清晰、财力协调、区域均衡的中央和地方财政关系"。党的十九届四中全会决定进一步要求"优化政府间事权和财权划分,建立权责清晰、财力协调、区域均衡的中央和地方财政关系,形成稳定的各级政府事权、支出责任和财力相适应的制度",本质上均是对党的十八届三中全会的要求以及其后的财税配套改革方案设计的呼应和继承,为房地产税改革做了政策部署。

党的十九大以来,房地产税立法与改革工作进入"快车道"。

2017年,财政部提出按照"立法先行、充分授权、分步推进"的总体思路做好前期工作;2021年10月16日,习近平总书记刊发在《求是》上的重要文章《扎实推动共同富裕》中提出,"积极稳妥推进房地产税立法和改革,做好试

点工作";2021年10月23日,全国人大常委会决定授权国务院在部分地区开展房地产税改革试点工作,明确落实加快房地产税制健全完善和稳步推进立法的要求,房地产税试点工作与立法进程不断加快。

房地产税作为一种宏观长效调控机制,首先,对于实现共同富裕目标具有重大意义,其税制改革推动直接税体系的健全,更好地调节居民收入,促进社会公平。其次,培育房地产税成为地方主体税种、构建地方政府职能合理化和地方财源建设相互内洽的机制,有助于增加地方财政稳定收入,弥补财力缺口,优化中央与地方财政关系,解决地方税体系长期"裹足不前"的问题。最后,有助于盘活存量房源,落实"房住不炒",稳定并调节房地产市场使其健康发展,促进宏观经济发展平稳运行。

当然,考虑到我国近期社会经济发展面临需求收缩、供给冲击、预期转弱的三重压力,而房地产税是涉及民生利益和调控长效机制的重要税种,其发展任重而道远。未来,如何推动房地产税制的改革与优化,使百姓获得更多幸福感、满足感,是对我国税收法治化建设、税收征管能力等方面的多重考验。

## 第六节　税收征管制度改革

税收征管制度是财政管理体系的重要组成部分,对划分中央、地方税收管理权责影响深远。我国税收征管制度遵循中央统一领导,充分发挥地方积极性,将责、权、利相结合,实现权力在中央与地方之间的合理分配。

党的十八大以来,国内外经济社会形势发生深刻变化,财政体系面临新的机遇和挑战。为了与国家社会发展状况相适应,税收征管制度作出多次调整;完善征管体系、创新征管制度,持续推进税收治理能力与治理体系现代化,为建立科学合理的财政管理体系奠定了基础;国税、地税由"合作""合并"到"合成"的转变,反映了新时期我国税收制度走向现代化的历程。

根据党的十八大以来的不同阶段,税收征管制度改革可分为以下三个阶段:

## 一、国税地税"合作",促进现代化税收征管体制建立

2015 年 12 月 24 日,《深化国税、地税征管体制改革方案》(以下简称《方案》)发布,对此前实行分税制管理体制中管理不够科学、权责不够明晰等问题作出总结,并进一步提出深化国税、地税征管制度改革,确保税收在国家治理中的作用有效发挥。

(一)合理划分征管职责,提高纳税服务水平

理顺中央与地方之间税收征管职责划分,是深化财税体制改革的主要任务之一。《方案》规定,由国税部门征收中央税、地税部门征收地方税,依据税种属性等原则征收共享税;此外,充分发挥税务部门统一征收效率高的优势,将适宜税务部门征收的非税收入项目,改由地税部门征收,提高了征管的便利性,使得地方税费征收体系更加完善。

为加快服务型税务机关建设进程,《方案》提出,应创新纳税服务机制,提高服务水平,推进税收规范化、便利化改革。服务、征管、执法标准的统一,有利于便利纳税人、降低纳税成本;首问责任、预约办税、网上审批等管理措施的实行,一定程度上节约了纳税人办税时间,提高审批透明度;服务合作、诚信纳税及投诉机制的建立健全,优化纳税服务环境,为纳税人权益提供保障。

(二)完善税收征管体系,顺应国际税收趋势

在税收征管体系的建立方面,《方案》针对征管有效性不强的问题,提出应转变征收方式,以提高征管效率。事中事后管理职能加强,有利于减轻税务部门审批负担,促进纳税人自主申报;分类分级管理制度推行,有效降低了避税、逃税现象发生;自然人税收管理体系的建立,顺应了当前税收比重变化趋势,提升税收征管水平,为现代化税收治理体系的建立作出贡献。

为适应国际化新形势,《方案》对国际税收问题作出规定,加强统筹规划:主动参与制定国际规则,推动税制建设成果落实;参与国际活动,加强我国在国际税收中的话语权;加强国际合作,打击国际逃税、避税现象,实施对外开放战略,维护国家权益,实现信息共享、互利共赢。

（三）加强税务组织建设，健全税收共治环境

为提高组织管理能力，适应税收现代化要求，本次改革也对税务机构组织体系的建设作出要求，在加强党的领导的同时，完善各机关机构设置，提高人力资源利用效率，推进人才培养计划，落实监督责任。组织体系建设有助于规范税务部门开展业务，优化行政管理职责，形成合理有效的监管、保障机制，增强干部责任感、预防廉政风险。

税收共治格局的建立是本次改革的主要任务之一。共治格局将党的领导和社会参与相结合，税务主责与部门协作相统一，发挥多方优势，提高全社会纳税意识。改革从建立涉税信息共享平台、扩大部门合作领域、加强税法保障机制、宣传普法教育四个方面推进，有效缓解了相关部门信息不对称等问题，有利于发挥社会组织在税收征管方面的独特优势，探索政府购买税收服务的新途径，开展税收宣传教育工作，培养全社会诚信纳税意识。①

## 二、国税地税"合并"，实现税收征管资源合理配置

2018 年 7 月，中办、国办印发《国税地税征管体制改革方案》，提出合并省级及省级以下国税地税机构，明确社会保险费、非税收入职责的划转，是深化党和国家机构改革的重要任务之一。

该项改革措施进一步完善了我国税收征管制度，优化纳税服务水平，纳税人的获得感得到提升。根据"瘦身""健身"相结合的原则，相同职能的机构和人员合并，推动了税务机构职能的调整优化；同时，加强现代化税收体系所需的职能部门，着力开展纳税服务、风险管理等工作，对行政管理资源进行合理分配起到推动作用。

（一）整合优化税务资源，降低税收征纳成本

本次改革合并了省级及省级以下国税地税机构，承担所辖区域内各项税收、非税收入征管职责，体现出统一管理税收工作的政策倾向。

省级及以下国税、地税机构合并，有利于加强党和国家对税收工作的统筹

---

① 《深化国税、地税征管体制改革方案》，《中国税务》2016 年第 1 期。

领导,建立高效便捷的税收征管体系,对整合征管资源、实现税收执法、服务的规范统一意义重大,进一步推进办税、缴费便利化;明确各税务部门间的关系,职能相同的机构部门进行合并,有利于减少重复性政府支出,降低税收征收成本。

(二)明确非税收入征管,优化政府管理职能

我国财政收入来源除税收收入外,还有相当比例的非税收入。在改革推行之前,非税收入的征管措施并未统一,一定程度存在上纳税标准不一、主体不明等问题。将非税征收职责纳入税务机关,有效降低了企业纳税成本,优化了政府管理资源的配置。《方案》规定,基本养老保险费、基本医疗保险费、失业保险费等各项社会保险费由税务部门统一征收,将非税收入征收职能有序划转至税收部门,优化税收体系征管职责。这有利于增强税费征管能力,构建权责清晰、制度完备的现代化税收征管体系。①

### 三、国税地税"合成",推动税收征管数字化变革

随着不同时期国家经济发展需要,我国税收制度改革持续深化,征管制度不断完善,纳税服务趋于规范化、便捷化。为适应新阶段党和国家的发展理念,构建新时期税收治理格局,发挥税收基础作用,2021年3月,中办、国办印发《关于进一步深化税收征管改革的意见》(以下简称《意见》),提出推动税收征管高质量发展的多项举措。

(一)实现数字化治理突破,税务建设全面升级

《意见》指出,税收治理应实现数字化突破,进行智能化改造,运用大数据、人工智能等先进信息技术,促进信息融汇互通,加强税务工作与大数据应用全面联动,提高征管效率。

建成电子发票服务平台、深化大数据技术应用也是数字化改革的重点内容。实现发票电子化,对降低制度性交易成本、进一步提高纳税服务的便利程

---

① 《中共中央办公厅、国务院办公厅印发〈国税地税征管体制改革方案〉》,新华社,2018年7月20日。

度发挥重要作用;完善税收数据平台,充分利用数据资源,有利于构建数据共享机制,发挥数据要素驱动作用,为税收管理制度注入新活力。税收大数据分析应用作为税收治理领域的一大创新,提高了税收治理效能,优化税收征管中所需的各项功能,推动"智慧税务"目标的实现;"以票管税"向"以数治税"的转变,反映出税收政策与时俱进,持续创新的特征。

### (二)服务、执法、监管相融合,深入拓展共治格局

《意见》强调,应实现税收服务、执法和监管深度融合,在征管的各个环节中融入服务理念,兼顾征管力度与温度,提高纳税积极性与征管体系的社会满意程度,同时严格执法行为,保障税收征管机制有效运行,依法征税,应收尽收。《意见》提出,执法方面,应全面落实税收法定主义原则,推动法制化建设,法理相容,高效实现税收职能;监管方面,应建立新型监管机制,宽严并济,健全守信激励、失信惩戒制度,依法打击违法犯罪行为,加大监督检查力度。在注重执法、监管的同时,也应当注意税收征管服务的推行,将执法、监管与服务相结合,促使纳税人享受政策红利,减轻缴费负担,维护纳税人的合法权益。

这是税收征管改革规范化的重大举措,为税收征管注入人性与法治的温暖;在严格执法行为的丰富尝试中,中央终将作出行之有效的监管举措。

对于税收共治格局的构建,《意见》明确应加强部门间协作,鼓励社会协同,加强司法保障,推动国际税收合作,充分整合、利用各类资源,促进税收征管体系进一步发展,持续拓展深化税收共治格局。这是统领各个不同科目的征管改革的总体布局的构建,功在当代,利在千秋,各部门的协同配合必将构建科学公平的税收共治格局,相互制约,共同进步。

# 第六章　党的十八大以来我国财税改革的亮点

　　财政是国家治理的基础和重要支柱,科学的财税体制是优化资源配置、维护市场统一、促进社会公平、实现国家长治久安的制度保障。进入中国特色社会主义新时代以来,随着形势发展变化,原有的在 1994 年分税制基础上发展完善而来的财税体制已经不完全适应合理划分中央和地方事权、完善国家治理的客观要求,不完全适应转变经济发展方式、促进经济社会持续健康发展的现实需要。

　　因此,党的十八大以来我国推行了一系列财税体制改革,旨在形成与国家治理体系和治理能力现代化相适应的财税体制。首先,就财税纪律和运行规范而言,全面贯彻依法治国,加强财税法制化建设,包括修订预算法和落实税收法定原则,提升了财税规范性和透明度;其次,就财税政策目标和对经济社会发展的作用而言,聚焦于高质量发展主题,更加注重在创新驱动、绿色发展和共同富裕等方面发挥好财政的作用;最后,就财税参与国民收入分配的比例而言,我国持续推进实质性减税降费,显著地降低了宏观税负,并有力地激发了市场主体活力。

## 第一节　贯彻全面依法治国,加强财税法制化建设

### 一、推动预算法修订,提升预算治理效能

　　预算法素有"经济宪法"之称,是财税领域的"龙头法",对政府财政支出

纪律和政府依法行政都有着重要影响。我国首部预算法由 1994 年 3 月第八届全国人大二次会议通过,并于 1995 年 1 月 1 日正式实施。随着经济社会的发展,原预算法已不适应经济社会中的新状况。

党的十八大以来,在坚持全面依法治国的导向下,预算法得到修订完善。2014 年 8 月十二届全国人大常委会第十次会议第四次审议并通过修改预算法的决定,对预算法进行了修订,并于 2015 年 1 月 1 日起施行。本次预算法的修订,对于构建法治政府有重要的意义,是全面落实依法治国的突破口,也开启了新一轮财税体制改革。2015 年预算法修订的重点主要表现在以下方面①:

第一,本次预算法修正案强调全口径预算。即各级政府所有收支都纳入预算。预算包括一般公共预算、政府性基金预算、国有资本经营预算、社会保险基金预算等四本预算。而且,政府的全部收支应当上缴国家金库,任何部门、单位和个人不得截留、占用、挪用或者拖欠。这一变化充分体现了用法律约束行政权力、让人民监督政府花钱的原则②,有助于整顿"小金库"等财经乱象、抑制腐败滋生。

第二,细化预算编制。提出各级预算支出应当按其功能和经济性质分类编制。政府收支分类科目,收入分为类、款、项、目;支出按其功能分类分为类、款、项,按其经济性质分类分为类、款。按经济分类有助于公众知晓资金用于何处,方便对政府的支出进行经济分析并行使监督权。

第三,本次预算法修正案规定应将本级政府举借债务情况,包括"三公"经费在内的机关运行经费的安排使用情况等重要事项作出说明。将"预算公开"入法,尤其是将举债情况和"三公"经费作出说明,有助于公众监督。

---

① 河南省财政厅政策研究室:《新预算法修改重点及解读》,河南省财政厅政策研究室官网。
② 北京大学财经法研究中心主任刘剑文认为,本次预算法修正案最大亮点是对立法宗旨的完善,政府由管理主体变为管理对象,用法律约束行政权力,让人民监督政府花钱。资料来源:刘剑文:《新〈预算法〉的理念跃迁》,《中国社会科学报》2015 年 7 月 15 日。

第四,本次预算法修正案规定,国务院建立地方政府债务风险评估和预警机制、应急处置机制,以及责任追究制度。同时,还明确地方政府举债只能用于公益性资本支出,且要有偿还计划和稳定的偿还资金来源。这有助于更好地控制地方政府举债行为。

第五,本次预算法修正案增加了建立健全专项转移支付定期评估和退出机制的规定,明确了上级政府在安排专项转移支付时,不得要求下级政府承担配套资金,但是上下级政府共同承担的事项除外。同时规定,凡市场竞争机制能有效调节的事项,"不得设立专项转移支付"。这首次明确了转移支付的法律地位,为未来制定财政转移支付法奠定了基础。

2018 年 12 月 29 日第十三届全国人民代表大会常务委员会第七次会议通过《关于修改〈中华人民共和国产品质量法〉等五部法律的决定》,对预算法进行了第二次修订。本次为小幅修订,主要内容为,将第八十八条中的"各级政府财政部门负责监督检查本级各部门及其所属各单位预算的编制、执行"修改为"各级政府财政部门负责监督本级各部门及其所属各单位预算管理有关工作"。

预算法的修订充分体现了对全面依法治国的贯彻,对我国预算管理和财政秩序都有着重要的作用。

(一)有助于完善政府预算体系,提升预算编制透明度

新预算法删除了有关预算外资金的内容,并明确规定政府的全部收入和支出都应当纳入预算。同时对四本预算功能定位、编制原则及相互关系作出规范。新预算法规定,除涉及国家秘密的事项外,经本级人大或其常委会批准,预算、预算调整、决算、预算执行情况的报告及报表,应当在批准后 20 日内由政府财政部门向社会公开,并对本级政府财政转移支付的安排、执行情况以及举借债务的情况等重要事项作出说明。

(二)有助于改进预算控制方式,实现跨期预算平衡

新预算法强调,各级政府应当建立跨年度预算平衡机制。各级政府一般公共预算按照国务院的规定可以设置预算稳定调节基金,用于弥补以后年度预算资金的不足。各级政府一般公共预算年度执行中有超收收入的,只能用

于冲减赤字或者补充预算稳定调节基金。省级一般公共预算年度执行中,如果出现短收,通过调入预算稳定调节基金、减少支出等方式仍不能实现收支平衡的,经本级人大或者其常委会批准,可以增列赤字,报财政部备案,并应当在下一年度预算中予以弥补。这体现了"滚动预算平衡"的理念,同时也避免了为地方长期财政赤字开绿灯。

(三)有助于规范地方举债行为,控制地方债务风险

原预算法虽然规定"地方各级预算按照量入为出、收支平衡的原则编制,不列赤字"。但实际上,地方政府出于发展需要,采取多种方式融资,已经形成较大规模的地方政府债务。新预算法增加了允许地方政府举借债务的规定,同时从五个方面作出限制性规定:一是限制主体,经国务院批准的省级政府可以举借债务;二是限制用途,举借债务只能用于公益性资本支出,不得用于经常性支出;三是限制规模,举借债务的规模,由国务院报全国人大或者全国人大常委会批准,省级政府在国务院下达的限额内举借的债务,列入本级预算调整方案,报本级人大常委会批准;四是限制方式,举借债务只能采取发行地方政府债券的方式,不得采取其他方式筹措。除法律另有规定外,不得为任何单位和个人的债务以任何方式提供担保;五是控制风险,举借债务应当有偿还计划和稳定的偿还资金来源,国务院建立地方政府债务风险评估和预警机制、应急处置机制以及责任追究制度。

(四)有助于坚持厉行节约,硬化预算支出约束

针对现实中存在的奢侈浪费问题,新预算法确定了统筹兼顾、勤俭节约、量力而行、讲求绩效和收支平衡的原则。同时强调,各级预算支出的编制,应当贯彻勤俭节约的原则,严格控制各部门、各单位的机关运行经费和楼堂馆所等基本建设支出。

(五)完善转移支付制度,推进基本公共服务均等化

新预算法规定:财政转移支付应当规范、公平、公开,以均衡地区间基本财力、由下级政府统筹安排使用的一般性转移支付为主体。建立健全专项转移支付定期评估和退出机制。市场竞争机制能够有效调节的事项不得设立专项转移支付。除按照国务院规定应当由上下级政府共同承担的事项外,上级政

府在安排专项转移支付时不得要求下级政府承担配套资金。上级政府应当提前下达转移支付预计数,地方各级政府应当将上级提前下达的预计数编入本级预算。这将有利于优化转移支付结构,提高转移支付资金分配的科学性、公平性和公开性。

总之,预算法的修订是全面坚持依法治国的重要表现,对于建设法治政府、实现依法行政有着重要的作用。

### 二、稳步推动税收立法,增强税制确定性

税收作为组织财政收入的基本手段,具有强制性、无偿性和固定性的特点。固定性是税收强制性和无偿性的必然要求,尤其是要按照国家法令规定进行征收,从而形成征税和纳税双方都必须共同遵守的稳定预期。然而,长期以来我国对税收法定原则的落实较为滞后,税收授权立法一度成为主流。截至 2014 年,我国现行的有效税种为 18 个,但只有 3 部实体税收法律,即企业所得税法、个人所得税法、车船税法。其他 15 个税种"游离"在全国人大的立法之外,包括增值税、营业税、消费税等主要税种,都是由国务院制定暂行条例开征。这有当时经济社会发展背景的原因[1],但随着我国社会主义市场经济体制的进一步完善,税收授权立法已然不合时宜。随着我国全面依法治国战略的实施,过量、不当、失范的税收授权立法产生了一定的消极影响,导致了行政权力的膨胀,延缓了财税法治的进程。

党的十八大以来,在全面依法治国导向下,税收法定加快推进。党的十八届三中全会明确将"落实税收法定原则"写入《中共中央关于全面深化改革若干重大问题的决定》。截至 2021 年年初,我国税收立法进度如下:

---

[1] 我国曾先后在 1984 年、1985 年进行了两次大规模的授权。其中 1984 年的授权于 2009 年 6 月废止。国务院根据授权,制定了数量众多的税收暂行条例。在我国的特定时期,税收授权立法使各种税收法律关系能够及时得到调整,促进税法体系的日渐完善,在客观上起到了积极作用和推进了税制改革。

表 6-1　截至 2021 年年初的税收立法状况

| | | |
|---|---|---|
| 已立法税种及生效时间 | 税收征管法 | 2001 年 5 月 1 日,于 2015 年修订 |
| | 企业所得税法 | 2008 年 1 月 1 日 |
| | 车船税法 | 2012 年 1 月 1 日 |
| | 环境保护税法 | 2018 年 1 月 1 日 |
| | 烟叶税法 | 2018 年 7 月 1 日 |
| | 船舶吨税法 | 2018 年 7 月 1 日 |
| | 个人所得税法 | 2019 年 1 月 1 日 |
| | 耕地占用税法 | 2019 年 9 月 1 日 |
| | 车辆购置税法 | 2019 年 7 月 1 日 |
| | 资源税法 | 2020 年 9 月 1 日 |
| | 城市维护建设税法 | 2021 年 9 月 1 日 |
| | 契税法 | 2021 年 9 月 1 日生效 |
| | 印花税法 | 2022 年 7 月 1 日生效 |
| 已发布立法征求意见稿税种 | 增值税法 | 2019 年 11 月 27 日征求意见 |
| | 消费税法 | 2019 年 12 月 3 日征求意见 |
| | 土地增值税法 | 2019 年 7 月 16 日征求意见 |
| 正在推进立法程序的税种 | 房产税法 | — |
| | 城镇土地使用税法 | — |
| | 水资源税法 | — |
| | 关税法 | — |

资料来源:作者根据公开资料整理。

由表 6-1 可见,我国多数税种已经完成立法,税收法定原则得到充分贯彻落实。税收法定将税收制度和一些新的改革措施通过法律形式固定下来,还对经济社会发展具有一系列重要的影响。

第一,从整体上提升了税收的稳定性和权威性。将国务院制定的暂行条例进一步提升为全国人大制定的法律,其法律级次、权威性、刚性都将进一步提升。这对于规范政府部门的征税行为、保护纳税人权利、优化税收营商环境都具有非常重要的意义。

第二,有助于凝聚广大纳税人共识,促进税法遵从。税收法定有助于为广大纳税人创造公平公正的税收征管环境,促进我国经济不断高质量可持续发展。对于我国优化营商环境,减轻市场主体负担,增强税制透明度及确定性均具有十分积极的意义。

第三,通过税收法定,一系列备受广大纳税人关注的优惠政策也进一步得到了明确和固定,一些税种的优惠范围也得到了进一步拓展。例如,2019年1月1日新个人所得税法正式实施后,调整税率表、增加专项附加扣除、实行累计预扣法等改革举措让广大个税纳税人真正受益。此外,取消了"其他所得"税目,更加强调所得确认的法定原则,避免了确认中的不规范性和模糊地带,从而保障了纳税人的权益。

总之,落实税收法定原则是坚持全面依法治国的重要体现,税收法定有助于充分发挥税收在推进国家治理现代化和法治化中的关键作用。在税收法定原则下,政府依法征税,纳税人依法纳税,这是规范税收征纳行为、保护纳税人权益,实现税收公平正义的制度保障。

## 第二节　聚焦高质量发展主题,更好发挥财政作用

### 一、推动创新驱动

党的十八大以来,作为国家治理的基础和重要支柱,财政在推动我国经济社会高质量发展方面发挥了重要的作用,尤其是围绕新发展理念,在创新驱动、绿色转型和公平效率协调方面,财政发挥了越来越突出的作用。

首先,在发展动力和创新驱动方面,党的十八大以来,我国经济发展进入了新常态,创新驱动发展的必要性和紧迫性不断增强。我国经济进入新常态的一个突出特点,是发展动力从主要依靠资源和低成本劳动力等要素投入转向创新驱动。党的十八大以来,党中央明确提出落实新发展理念,把科技创新摆在国家发展全局的核心位置,实施创新驱动发展战略。党的十九大首次提出,中国经济已由高速增长阶段转向高质量发展阶段。高质量发展是贯彻创新、协调、绿色、开放、共享的新发展理念的根本体现。而且,创新驱动是赢得国际竞争的基本要求。近年来全球产业格局正在发生深刻调整,世界主要国家都在寻找科技创新的突破口,培育长远竞争力,抢占未来经济科技发展的先机。尤其是我国还面临着国外对国内高端技术的"卡

脖子"难题,我国更需要增强自主创新能力,突破核心技术。此外,从我国当前发展的阶段看,创新驱动是形势所迫。我国经济发展进入新常态,劳动力成本上升,资源环境约束趋紧,人口老龄化加快,传统发展方式难以为继。世界经济复苏脆弱且不均衡,"内顾"导致的"逆全球化"暗流涌动。只有贯彻新发展理念,依靠创新驱动发展,才能打造新的经济增长点,顺利实现经济社会发展目标。

传统观点认为,土地、劳动力、资本等要素投入对经济发展作用显著。但从可持续发展角度看,单纯要素投入带动的经济发展受到边际生产力递减和资源瓶颈的制约。① 因此,要依靠创新驱动,才能实现可持续的发展。然而,一方面,创新具有冲击性和破坏性,会冲击原有的产业和社会分层,由此导致的产业变革阵痛需要财政予以保障。另一方面,创新往往需要大量基础科学的研究,而存在着较大正外部性的基础研究往往市场供给不足,因此创新需要财政的支持。总之,在推动创新驱动的过程中,政府财政对其有着重要的作用。

为促进创新驱动,我国财政出台了一系列政策与改革举措。② 其中,中央财政的政策和改革举措主要包括以下方面。

首先,加大财政对科研创新的投入。长期以来,国家财政将科技作为重点支持领域。从中央看,2013—2020 年,中央财政一般公共预算科学技术支出从 2728 亿元增加到 3216 亿元③,并带动全社会研发投入快速增加,尤其是保障了科技重大专项顺利实施。为完成党中央国务院确定、具有国家目标的若干重大战略产品、关键共性技术和重大工程,中央财政设立了国家科技重大专项资金,并建立了滚动预算和持续投入管理机制。针对《国家中长期科技发展规划纲要》部署的重点领域和前沿技术,通过国家科技支撑计划、863 计划和公益性行业科研专项经费等,支持开展对经济社会发展具有重要作用的科

---

① 吴慈生、徐静、赵旭阳:《资本要素协同效应与经济发展》,经济科学出版社 2020 年版。
② 余蔚平:《积极发挥财政职能作用 促进创新驱动发展》,《行政管理改革》2016 年 2 月。
③ 数据来自国家统计局网站,见 http://https--data--stats--gov--cn.proxy.www.stats.gov.cn/easyquery.htm? cn=C01。

技研发活动。

其次,改革科研项目资金管理政策,为科研人员松绑。例如,财政部会同有关部门制定或修订了多项科技经费管理办法,建立了基本覆盖所有国家科技计划(基金、专项)的经费管理制度体系。特别是《国务院关于改进加强中央财政科研项目和资金管理的若干意见》,对形成宽松有序的科研项目资金管理环境起到重要作用。而且,项目经费开支范围得到完善,尤其是尊重科研活动规律,完善支出政策,建立间接成本补偿机制,通过绩效支出调动科研人员积极性,明确劳务费没有比例限制。此外,强化预算管理,强调根据课题研发任务的实际需要,科学合理真实编制预算,建立健全评估评审反馈机制,下放支出科目调整权限。

最后,加大税收优惠支持力度。结合我国实际并借鉴国际经验,制定并不断完善支持科技创新的税收政策,逐步形成了一套以支持高科技研发和产业化为主、涵盖多个创新环节、覆盖面较广、具有普惠性的税收优惠政策体系。一是鼓励和支持高新技术企业发展,如对高新技术企业实施15%的所得税优惠税率。二是维持并加大对企业研发实施加计扣除优惠。对企业研发费用在税前据实扣除基础上,允许加计扣除50%的优惠政策。《关于提高研究开发费用税前加计扣除比例的通知》提出,在按规定据实扣除的基础上,在2018年1月1日至2020年12月31日期间,再按照实际发生额的75%在税前加计扣除。《关于进一步完善研发费用税前加计扣除政策的公告》进一步提出,自2021年1月1日起,再按照实际发生额的100%在税前加计扣除。三是促进科技成果转移转化。如对技术转让、技术开发、技术咨询、技术服务等"四技"业务免征增值税等。而且还开展了一系列支持创新的政策试点,如中关村国家自主创新示范区开展的完善研发费用加计扣除、股权奖励分期(延期)缴纳个人所得税和技术转让减免企业所得税等支持创新的试点税收政策等,都得到了推广。表6-2至表6-4是对近年来我国促进企业创新发展的税收优惠政策的一个梳理总结,可以看出党的十八大以来我国通过财税手段对企业创新的支持力度得到强化。

表 6-2 促进高新技术企业创新发展的企业所得税优惠政策梳理

| 优惠项目 | 适用对象 | 政策内容 | 政策依据 | 优惠方式 |
|---|---|---|---|---|
| 税率式优惠 | 小型微利企业 | 1.逐步放宽小型微利企业条件,应纳税所得额上限放宽;2.引入超额累进计税办法,例如《财政部 税务总局关于实施小微企业普惠性税收减免政策的通知》规定,应纳税所得额不超过100万元的部分,减按25%计入,按20%的税率进行征收;超过100万元但不超过300万元的部分,减按50%计入应纳税所得额,按20%税率进行征收 | 《财政部 国家税务总局关于小型微利企业所得税优惠政策的通知》;《财政部 国家税务总局关于进一步扩大小型微利企业所得税优惠政策范围的通知》;《财政部 税务总局 科技部关于提高科技型中小企业研究开发费用税前加计扣除比例的通知》;《财政部 税务总局关于进一步扩大小型微利企业所得税优惠政策范围的通知》;《财政部 税务总局关于实施小微企业普惠性税收减免政策的通知》;《财政部 税务总局关于实施小微企业和个体工商户所得税优惠政策的公告》 | 直接优惠 |
| | 高新技术企业 | 减按15%税率征收企业所得税,不得与小型微利企业、软件与集成电路企业的税率优惠叠加享受 | 《中华人民共和国企业所得税法》第二十八条 | |
| | 软件和集成电路企业 | 重点规划内企业减按10%税率进行征收 | 《财政部 国家税务总局关于进一步鼓励软件产业和集成电路产业发展企业所得税政策的通知》;《财政部 国家税务总局 国家发展和改革委员会 工业和信息化部关于进一步鼓励集成电路产业发展企业所得税政策的通知》;《财政部 国家税务总局 发展改革委 工业和信息化部关于软件和集成电路产业企业所得税优惠政策有关问题的通知》;《国家发展和改革委员会关于印发国家规划布局内重点软件和集成电路设计领域的通知》 | |
| 减免项目 | 涵盖小型微利企业、高新技术企业、软件和集成电路企业中符合条件的技术转让项目 | 居民企业技术转让所得不超过500万元的部分,免征企业所得税;超过500万元的部分,按照25%减半征收企业所得税 | 《中华人民共和国企业所得税法》第二十七条第四项 | 直接优惠 |

续表

| 优惠项目 | 适用对象 | 政策内容 | 政策依据 | 优惠方式 |
|---|---|---|---|---|
| 减免项目 | 集成电路生产企业:企业集成电路生产项目 | 按照线宽和投资金额分类项目所得二免三减半或五免五减半 | 《财政部 税务总局 国家发展改革委 工业和信息化部关于集成电路生产企业有关企业所得税政策问题的通知》 | 直接优惠 |
| 研发加计扣除 | 涵盖小型微利企业、高新技术企业、软件和集成电路企业 | 1.对企业研发费用加计扣除的项目和比例进行了规定,加计扣除和无形资产摊销税前扣除与摊销比例由50%与150%提高至75%与175%,其中2021年1月1日起制造业企业研发费用未形成无形资产的按100%加计扣除,形成无形资产则按无形资产成本的200%在税前摊销;2.对研发费用可扣除的范围进行了扩充 | 《财政部 国家税务总局 科技部关于完善研究开发费用税前加计扣除政策的通知》;《财政部 税务总局 科技部关于提高研究开发费用税前加计扣除比例的通知》;《财政部 税务总局关于进一步完善研发费用税前加计扣除政策的公告》 | 间接优惠 |
| 固定资产加速折旧 | 涵盖小型微利企业、高新技术企业 | 1.六大行业、四个领域的行业企业新购进设备器具可以采取加速折旧的方法;2.所有企业在2018年1月1日至2020年12月31日期间新购进不超过500万元的设备可全额扣除,超过部分采取加速折旧 | 《财政部 税务总局关于设备、器具扣除有关企业所得税政策的通知》 | 间接优惠 |
|  | 六大行业及四大领域的小型微利企业 | 不超过100万元的新购进仪器设备可一次性全额扣除,超过部分采取加速折旧 | 《财政部 国家税务总局关于完善固定资产加速折旧企业所得税政策的通知》;《财政部 国家税务总局关于进一步完善固定资产加速折旧企业所得税政策的通知》 |  |

资料来源:作者根据公开资料整理。

表 6-3  促进企业创新发展的增值税优惠政策

| 优惠项目 | 适用对象 | 政策内容 | 政策依据 |
|---|---|---|---|
| 减免项目 | 国家级、省级科技企业孵化器及国家备案众创空间 | 自 2019 年 1 月 1 日至 2021 年 12 月 31 日,对国家级、省级科技企业孵化器和国家备案众创空间向在孵对象提供孵化服务取得的收入,免征增值税 | 《财政部 税务总局 科技部 教育部关于科技企业孵化器 大学科技园和众创空间税收政策的通知》 |
|  | 单位投资者、公募证券投资基金(封闭式证券投资基金、开放式证券投资基金) | 1. 对单位投资者转让创新企业 CDR 取得的差价收入,按金融商品转让政策规定征免增值税;<br>2. 对公募证券投资基金(封闭式证券投资基金、开放式证券投资基金)管理人运营基金过程中转让创新企业 CDR 取得的差价收入三年内暂免征收增值税 | 《财政部 税务总局 证监会关于创新企业境内发行存托凭证试点阶段有关税收政策的公告》 |
| 即征即退 | 软件企业 | 增值税一般纳税人销售其自行开发生产的软件产品,对其增值税实际税负超过 3% 的部分实行即征即退政策 | 《财政部 国家税务总局关于软件产品增值税政策的通知》 |
| 留抵退税 | 符合条件的先进制造业纳税人 | 自 2021 年 4 月 1 日起,符合条件的先进制造业纳税人,可以自 2021 年 5 月及以后纳税申报期向主管税务机关申请退还增量留抵税额 | 《财政部 税务总局 海关总署关于深化增值税改革有关政策的公告》 |
|  | 科技型中小企业 | 对科技型中小企业的研发费用扣除比例进行规定"在 2017 年 1 月 1 日至 2019 年 12 月 31 日期间,按照实际发生额的 75% 在税前加计扣除;形成无形资产的,在上述期间按照无形资产成本的 175% 在税前摊销" | 《财政部 税务总局 科技部关于提高科技型中小企业研究开发费用税前加计扣除比例的通知》 |

资料来源:作者根据公开资料整理。

表 6-4　其他税种支持企业创新的政策汇总

| 税种 | 优惠项目 | 适用对象 | 政策内容 | 政策依据 |
|---|---|---|---|---|
| 房产税 | 减免项目 | 国家级、省级科技企业孵化器及国家备案众创空间 | 自 2019 年 1 月 1 日至 2021 年 12 月 31 日,对国家级、省级科技企业孵化器和国家备案众创空间自用以及无偿或通过出租等方式提供给在孵对象使用的房产,免征房产税。2022 年 1 月 19 日国务院常务会议将该政策延期至 2023 年年底① | 《财政部 税务总局 科技部 教育部关于科技企业孵化器 大学科技园和众创空间税收政策的通知》 |
| 城镇土地使用税 | 减免项目 | 国家级、省级科技企业孵化器及国家备案众创空间 | 自 2019 年 1 月 1 日至 2021 年 12 月 31 日,对国家级、省级科技企业孵化器和国家备案众创空间自用以及无偿或通过出租等方式提供给在孵对象使用的土地,免征城镇土地使用税。省级科技企业孵化器和国家备案众创空间自用以及无偿或通过出租等方式提供给在孵对象使用的土地,免征城镇土地使用税。2022 年 1 月 19 日国务院常务会议将该政策延期至 2023 年底。 | 《财政部 税务总局 科技部 教育部关于科技企业孵化器 大学科技园和众创空间税收政策的通知》 |

资料来源:作者根据公开信息整理。

　　除了中央财政的支持和改革外,地方各级财政也积极支持科研创新,同样有力地助推了创新驱动转型。例如,湖南省 2018 年 6 月出台《关于贯彻落实创新引领开放崛起战略　促进经济增效财政增收的若干意见》,其推动创新驱动转型的政策内容主要包括以下方面:一是落实企业研发费用税前加计扣除税收优惠政策,建立企业研发投入后补助机制。省级财政对享受研发费用税前加计扣除政策的企业,根据其上年度研发投入增量,按照 10% 的比例给予奖补,最高奖补 1000 万元。二是实行科研基础设施和科研仪器向社会开

──────────

　　① 国务院新闻办公室:《李克强主持召开国务院常务会议》,国务院新闻办公室网站,2022 年 1 月 19 日。

放共享双向补贴。对科研基础设施和科研仪器开放共享优秀的管理单位给予开放共享后补助,同一单位年度最高补助100万元;对中小微企业、创新创业团队(个人)等社会用户使用共享平台的科研基础设施和科研仪器等,给予最高30%比例的费用补贴。三是推动科技成果转化和产业化。支持企业对接国家和省重大科技计划、重点科研奖项及工业新兴优势产业链关键核心技术和产业关键共性技术。对省内首台(套)重大技术装备研制单位给予奖励,成套技术装备最高奖励500万元,单台设备和关键零部件最高奖励100万元。

再如,青海省财政厅贯彻创新驱动发展战略,下达省级科技专项,突出优化创新制度环境、增强创新基础能力,主要呈现三个特点:一是推进科技计划项目管理改革。对省委省政府重点关注的面向盐湖产业资源关键技术研究的两个项目实行"揭榜挂帅"制、"帅才科学家"负责制试点,吸引省内外专家团队和高端人才突破制约产业发展的关键核心技术,加快推动科技成果转化。二是推进科技领域"放管服"改革,选取科研能力较强、科研诚信较好的承担单位开展项目经费"包干制"试点,赋予创新团队和科研人员更大的财物支配权,进一步激发科研人员创新活力。三是注重发挥财政资金引导作用。落实企业研发后补助政策,实行财政补助与企业研发经费挂钩,引导鼓励企业进一步加大研发投入。

总之,党的十八大以来,随着我国经济进入新常态,我国经济向创新驱动转型的紧迫性日渐增强,是我国当前经济社会发展的必然要求。在这样的背景下,我国财政通过加大支持力度、提升税收优惠、改革科研资金使用政策等多方面举措,有力地助推了创新驱动发展,贯彻了使创新成为第一驱动力的新发展理念。

## 二、推动绿色转型

党的十八大以来,随着我国经济进入新常态,提高发展质量成为党和国家的工作重心。这一时期将生态文明建设列入"五位一体"总体布局,将绿色列入新发展理念,提出"绿水青山就是金山银山"。2020年9月22日在第七十五届联合国大会上,习近平主席向世界宣告我国的"碳达峰""碳中和"目标,为全球应对气候变化作出更大贡献。实现碳达峰、碳中和不仅是我国建设社会主义现代化强国的目标之一,也是构建人类命运共同体的责任担当。总体而言,我国从面向国内的"末端治理"为主的绿色发展方式,在2020年后转变为面向全球的"前端防治"为主的新一轮绿色发展方式。

由于环境保护和污染排放的外部性,转变发展方式、促进绿色发展不仅需要从理念上进行转变,同样需要相应的财税制度进行配合与适时调整。党的十八大以来,以习近平同志为核心的党中央高度重视生态文明建设,中央财政大力支持生态文明建设,取得明显成效。

财政支出方面为推动绿色发展转型,提升了相应的支持力度,根据财政部统计数据,2016—2020年,全国财政共安排了生态环保资金44212亿元,年均增长8.2%。[1] 其中,中央财政19333亿元,占比达到43.7%。财政层面的支持为打好污染防治攻坚战和推动经济绿色转型提供了坚实支撑。

财政支出方面支持绿色发展的具体举措主要包括以下方面[2]。

第一,加大对重点生态功能区的转移支付力度,构筑安全生态格局。加大均衡性转移支付力度。均衡性转移支付按照各地标准收入和标准支出的差额进行分配。对于生态资源丰富、环境脆弱敏感、经济社会发展较为落后的地区,标准收支差额相应放大,中央财政支持力度相应增加。实施重点生态功能区转移支付。为维护国家生态安全,中央财政额外安排资金,对《全国主体功能区规划》中的生态类限制开发区、禁止开发区以及青海三江源、南水北调中线工程水源地等重点生态功能区给予专门补助。开展县域生态环境质量监测,对林、草、水域、湿地等自然生态要素和空气、水质、污染物排放等环境质量要素进行评价考核,建立完善与环境质量变化挂钩的奖惩机制。

第二,实施财政奖补政策,大力支持生态保护与修复。支持实施退耕还林

---

① 财政部:《近五年全国财政共安排生态环保资金44212亿元》,2021年7月30日,澎湃新闻网站,见 https://m.thepaper.cn/newsDetail_forward_13816663。

② 刘伟:《促进生态文明建设的财税政策》,《行政管理改革》2018年第1期。

还草,由中央财政对退耕户给予粮食补助和现金补贴,有效促进了水土流失和沙化土地治理。全面加强天然林资源保护,在完善天然林资源保护工程二期政策的基础上,推动实施天然林保护全覆盖,有效推动了天然林保护工作。实施草原生态保护补奖政策,在主要草原牧区省份全面实施草原生态保护补助奖励政策,草原长期超载畜量的势头初步得到遏制,草原生态环境逐步恢复。开展山水林田湖草生态保护修复工程,启动山水林田湖草生态保护修复工程试点,统筹考虑自然生态各要素,进行整体保护、系统修复、综合治理,推动建立生态保护修复的新模式。支持实施海绵城市试点示范,试点城市水资源涵养、水生态修复、水环境保护、水安全应急能力明显提升,发挥了示范带动作用,推动优化了城市建设发展理念。

第三,发挥财税政策引导作用,促进绿色低碳循环发展。支持污染过剩行业"去产能"。例如,钢铁、煤炭产业作为资源消耗和污染排放大户,对大气环境质量影响较大。中央财政设立工业企业结构调整专项奖补资金,用于化解钢铁、煤炭行业过剩产能。实现钢铁煤炭行业产能利用率明显回升,经济效益明显好转。积极培育绿色发展"新动能"。实施对新能源汽车推广补助政策,促进我国新能源汽车跨越式发展。支持可再生能源发电,对光伏、风电等发电实行度电补贴,支持清洁能源发展。目前,我国可再生能源发电装机容量已经稳居全球首位。

财政收入方面尤其是税收方面推动绿色发展转型的举措主要梳理如下。

我国与绿色生态环保相关税制发展过程大体可以划分为三大阶段,在不同发展阶段,主要税制改革事件如表6-5所示。

表6-5　与生态文明建设相关的主要税制改革事件

| 发展阶段 | 主要税制改革 |
| --- | --- |
| 2006年 | 2006年4月28日,国务院公布《中华人民共和国烟叶税暂行条例》,即日起施行 |
| | 2006年12月29日,国务院公布《中华人民共和国车船税暂行条例》,自2007年1月1日起施行,同时取消车船使用牌照税和车船使用税 |
| | 2006年12月31日,国务院公布修改以后的《中华人民共和国城镇土地使用税暂行条例》,自2007年1月1日起施行 |

续表

| 发展阶段 | 主要税制改革 |
|---|---|
| 2006—2011 年 | 2007 年 12 月 1 日,国务院公布修改以后的《中华人民共和国耕地占用税暂行条例》,自 2008 年 1 月 1 日起施行 |
| | 2010 年 6 月 1 日,我国率先在新疆开展原油、天然气资源税从价计征改革,拉开了资源税制度改革的序幕 |
| | 2011 年 2 月 25 日,第十一届全国人民代表大会常务委员会第十九次会议通过《中华人民共和国车船税法》,自 2012 年 1 月 1 日起施行 |
| | 2011 年 9 月 21 日,国务院第 173 次常务会议通过《国务院关于修改〈中华人民共和国资源税暂行条例〉的决定》,自 2011 年 11 月 1 日起施行 |
| 2012 年党的十八大以来 | 2014 年 11 月 28 日,财政部、国家税务总局发布《关于提高成品油消费税的通知》;2014 年 12 月 12 日发布《关于进一步提高成品油消费税的通知》;2015 年 1 月 12 日发布《关于继续提高成品油消费税的通知》;经过三次调整,成品油消费税率得到了显著提升 |
| | 2016 年 12 月 25 日,《中华人民共和国环境保护税法》在第十二届全国人大常委会第二十五次会议上表决通过;自 2018 年 1 月 1 日起,《中华人民共和国环境保护税法》正式实施 |
| | 2018 年 8 月 1 日,财政部、国家税务总局、工业和信息化部、交通运输部下发《关于节能新能源车船享受车船税优惠政策的通知》,要求对符合标准的新能源车船免征车船税,对符合标准的节能汽车减半征收车船税 |
| | 2018 年 12 月 29 日,第十三届全国人民代表大会常务委员会第七次会议通过《中华人民共和国耕地占用税法》,自 2019 年 9 月 1 日起施行 |
| | 2018 年 12 月 29 日,第十三届全国人民代表大会常务委员会第七次会议通过《中华人民共和国车辆购置税法》,自 2019 年 7 月 1 日起施行 |
| | 2019 年 8 月 26 日,《中华人民共和国资源税法》在第十三届全国人民代表大会常务委员会第十二次会议上通过,自 2020 年 9 月 1 日起施行 |

资料来源:作者根据公开数据整理得到。

我国目前与绿色生态环保相关的税制构成如表 6-6 所示。

表 6-6　我国现行绿色税制的构成

| 税种 | 近期政策演变 | 主要内容 | 意义 |
|---|---|---|---|
| 环境保护税 | 2018 年 1 月 1 日起,我国首个以环境保护为目标的绿色税种——环境保护税正式施行,以此取代了施行近 40 年的排污收费制度 | 对大气污染物、水污染物、固体废物以及工业噪声征税 | 从政策层面发挥了引导绿色发展的杠杆作用,促使企业和机构主动自发升级污染治理,为推进我国生态文明建设提供了全新动力 |

| 税种 | 近期政策演变 | 主要内容 | 意义 |
|---|---|---|---|
| 资源税 | 2019 年 8 月 26 日,十三届全国人大常委会表决通过了《中华人民共和国资源税法》,于 2020 年 9 月 1 日起施行 | 将原油、天然气、煤炭、其他非金属矿原矿、黑色金属矿原矿、有色金属矿原矿、盐这 7 类纳入征税范围,加强对自然资源的节约和保护 | 引导开发资源的单位和个人注重生态环境保护和节约能源,有利于助力经济高质量发展和构建新发展格局 |
| 消费税 | 自 2016 年 12 月 1 日起征收 | 对超豪华小汽车在零售环节加征 10% 的消费税 | 降低汽车产业产生的不可再生资源消耗和废气排放,促进绿色环保和节能减排 |
| | 中国成品油消费税最早开始于 1994 年,后经过几次扩围和提升① | 对汽油、柴油、石脑油、溶剂油、润滑油、燃料油、航空煤油共 7 个子税目征税,鼓励环保消费、绿色低碳的生活方式 | 成品油消费税对于引导成品油消费行为、倡导节能环保理念、促进生态文明建设具有重要的导向作用 |
| 耕地占用税 | 2018 年 12 月 29 日,第十三届全国人大常委会通过《中华人民共和国耕地占用税法》,自 2019 年 9 月 1 日起施行 | 对占用耕地建房或从事其他非农业建设的单位和个人征收,采用定额税率,其标准取决于人均占有耕地的数量和经济发展程度 | 运用经济手段处理好土地的使用问题,合理利用土地资源,加强土地管理,保护农用耕地,推进国家治理现代化和经济高质量发展 |
| 车船税、车辆购置税 | 2012 年 1 月 1 日,我国第一部财行为税法律《中华人民共和国车船税法》实施;2020 年 4 月 16 日,财政部、国家税务总局、工业和信息化部发布《关于新能源汽车免征车辆购置税有关政策的公告》 | 节能新能源车船享受车船税、车辆购置税优惠政策,对节约能源车船,减半征收车船税。对新能源车船,免征车船税;对购置的新能源汽车免征车辆购置税 | 车船税在引导绿色消费、调节财富分配、完善自然人税收管理体系等方面发挥了积极作用 |

---

① 分别在 2006 年、2009 年以及 2014 年年底至 2015 年年初进行重大变革,将征收范围由原本汽油、柴油 2 个子税目扩展至汽油、柴油、石脑油、溶剂油、润滑油、燃料油、航空煤油共 7 个子税目,并于 2014 年年底至 2015 年年初连续 3 次大幅度提高税率额标准。

| 税种 | 近期政策演变 | 主要内容 | 意义 |
|---|---|---|---|
| 增值税 | 2008 年 4 月,财政部、国家税务总局发布《关于核电行业税收政策有关问题的通知》 | 对于核能发电企业生产销售的电力产品,自正式商业投产次月起 15 个年度内,按照核电机组计算法,统一实行增值税先征后退政策,返还比例以每 5 个年度为阶段依次递减,具体返还比例分别为已入库税款的 75%、70% 和 55%。满 15 个年度以后,不再实行增值税先征后退政策 | 利用增值税优惠政策鼓励新型能源生产使用和节能环保,对促进环境保护发挥了积极引导和促进作用 |
| | 财政部、国家税务总局于 2013 年 9 月发布《关于光伏发电增值税政策的通知》 | 自 2013 年 10 月 1 日至 2015 年 12 月 31 日,对"纳税人销售自产的利用太阳能生产的电力产品,实行增值税即征即退 50% 的政策" | |
| | 《财政部 国家税务总局关于风力发电增值税政策的通知》 | 自 2015 年 7 月 1 日起,根据其行业特点对纳税人销售自产的利用风力生产的电力产品,实行增值税即征即退 50% 的政策 | |
| 企业所得税 | 《关于执行环境保护专用设备企业所得税优惠目录、节能节水专用设备企业所得税优惠目录和安全生产专用设备企业所得税优惠目录有关问题的通知》;财政部发布了《关于印发〈安全生产专用设备企业所得税优惠目录(2018 年版)〉的通知》 | 企业购置并实际使用节能节水和环境保护专用设备可享受企业所得税抵免优惠政策 | 利用企业所得税优惠政策鼓励企业节能环保 |
| | 财政部、国家税务总局、国家发展改革委、生态环保部发布《关于从事污染防治的第三方企业所得税政策问题的公告》 | 对符合条件从事污染防治的第三方企业减按 15% 的税率征收企业所得税,鼓励相关企业加大投入,增强污染防治效能 | 利用企业所得税优惠鼓励污染防治行业发展 |

资料来源:作者根据公开资料整理。

　　由表 6-6 可以得出,近年来我国税制对绿色生态环保的重视程度显著提升,绿色发展理念在税收制度中得到深入贯彻,尤其是近年来立法或修订的税种,绿色发展理念贯穿于税制改革的全过程之中。

总的来看,党的十八大以来,经过中央与地方的共同努力,促进生态文明建设的财税政策体系加速构建,针对环境保护、生态修复关键领域和薄弱环节的财政支持政策已经制定并逐步完善,税收引导促进资源节约、环境保护的作用不断增强,国家财政有效推动了生态文明建设进程,有效地贯彻了使绿色成为普遍形态的新发展理念。

## 三、推动共同富裕

2017 年 10 月 18 日,习近平总书记在党的十九大报告中强调,中国特色社会主义进入新时代,我国社会主要矛盾已经转化为人民日益增长的美好生活需要和不平衡不充分的发展之间的矛盾。党的十九大报告强调"必须坚定不移贯彻创新、协调、绿色、开放、共享的发展理念"。新发展理念中的共享发展理念思想深刻、内涵丰富,包括全民共享、全面共享、共建共享和渐进共享四个方面,最终目的是带领人民走向共同富裕。2021 年 8 月 17 日,习近平总书记强调,"共同富裕是社会主义的本质要求,是中国式现代化的重要特征",要"在高质量发展中促进共同富裕",并提出"构建初次分配、再分配、三次分配协调配套的基础性制度安排"①。

在马克思主义公平分配理论的指导下,改革开放以来,我国一直致力于通过税制改革等一系列制度变革实现社会公平正义、保证发展成果由人民共享。改革开放之初,为了实现国民经济的快速发展,我国坚持了"效率优先,兼顾公平"的发展原则,推动了国民经济的快速发展。

党的十八大以来,党中央和习近平总书记高度重视共同富裕问题,多次强调要坚持以人民为中心的发展理念,发展成果为人民共享。共同富裕不仅是社会主义的本质要求,也是在新发展阶段实现高质量发展的必由之路。共同富裕不会自动实现,不加调节和控制很容易跑偏走形。

财政是实现发展成果共享的重要手段。2021 年,中央财经委员会第十次会议强调,要坚持以人民为中心的发展思想,在高质量发展中促进共同富裕,

---

① 习近平:《扎实推动共同富裕》,《求是》2021 年第 20 期。

正确处理效率和公平的关系,构建初次分配、再分配、三次分配协调配套的基础性制度安排,加大税收、社保、转移支付等调节力度并提高精准性,扩大中等收入群体比重,增加低收入群体收入,合理调节高收入,取缔非法收入,形成中间大、两头小的橄榄型分配结构,促进社会公平正义,促进人的全面发展,使全体人民朝着共同富裕目标扎实迈进。财政政策在初次分配、再分配、三次分配领域都具有重要作用。财政促进共享发展和共同富裕的举措主要包括以下方面。

首先,通过积极财政政策实现扩大就业,保障劳动者收入水平。通过就业,劳动者不仅能取得经济收入以维持个人、家庭的生存和发展,而且还能实现自身价值,为社会创造更多财富。尤其是在我国经济进入新常态的背景下,实现更加充分更高质量的就业、推动劳动者收入水平稳定增加和全体人民共同富裕持续推进十分重要。为此,在推动经济发展、经济结构转型升级的同时,我国实行积极财政政策,通过稳定经济增长,尤其是稳定就业,把就业摆在经济社会发展和宏观政策优先位置,通过财政支持加快提升劳动者技能素质,完善重点群体就业支持体系,有力地保障了劳动者收入水平,保障了劳动者就业权益。

其次,通过财政投入和转移支付等手段,助力脱贫攻坚和全面小康的顺利实现。中国脱贫攻坚的成就为世人关注,成就取得殊为不易。截至 2020 年年底,中国现行标准下的农村贫困人口全部实现脱贫,832 个国家级贫困县全部摘帽,脱贫攻坚战取得全面胜利。① 这其中,财政扶贫政策功不可没,财政扶贫资金发挥了投入主渠道的作用,为打赢脱贫攻坚战提供了强大的资金保障。据统计,2013—2020 年,中央、省、市、县财政专项扶贫资金累计投入近 1.6 万亿元,其中中央财政累计投入 6601 亿元。自 2015 年年底中央吹响打赢脱贫攻坚的号角,东西部地区间的财政帮扶资金加大了投入力度,东部 9 省、市共向扶贫协作地区投入财政援助和社会帮扶资金 1005 多亿元。这期间,相关部门研究推动采用财政贴息的方式,利用财政资金撬动扶贫小额信贷 7100 亿

---

① 参见国务院新闻办公室:《人类减贫的中国实践》白皮书,新华社,2021 年 4 月 6 日。

元。同期实现土地增减挂指标跨省域调剂和省域内流转资金 4400 多亿元,充实了贫困地区地方政府的财力。① 此外,在贫困地区,国家财政支持加大贫困地区基础设施建设、生态环境和民生工程等投入力度,加大村级公路建设、农业综合开发、土地整治、小流域与水土流失治理、农村水电建设等支持力度,也有效地提升了当地经济社会发展水平和人民生活水平。总之,财政在我国脱贫攻坚战和全面小康建设过程中发挥了重要的保障作用。

最后,通过税制改革,引导形成更加公平的再分配和第三次分配格局。一是个人所得税的再分配调节能力得到加强。2019 年 1 月 1 日起施行的《中华人民共和国个人所得税法》(第七次修正)将个税起征点从 3500 元提高到了 5000 元,更多的低收入者不用纳税;税率级距也发生了较大幅度的变化,5000 元以下的个人不用纳税,中低收入群体获益更大;子女教育、大病医疗等六项专项附加扣除,更进一步减轻了低收入和中等收入居民的税负;在综合所得改革方面,改革后将原先居民个人分类所得中的工资、薪金所得等四项按纳税年度合并为综合所得计算个人所得税,是由分类所得税制向综合和分类相结合转变的起点,对促进横向公平、避免某些人收入过度集中于某一类别导致税负过高具有显著作用。个人所得税不仅实现了减税,更重要的是实现了税制的优化,通过对再分配功能的强化,完善了对效率和公平问题的兼顾措施。二是房地产税的立法进程加快。2019 年 3 月 5 日,李克强总理在政府工作报告中进一步明确提出"健全地方税体系,稳步推进房地产税立法"。2020 年 5 月 18 日,中共中央、国务院发布《关于新时代加快完善社会主义市场经济体制的意见》,进一步重提"稳妥推进房地产税立法"。通过将开发流转环节的税负转移到保有环节,从而调整我国长期以来重流转税、所得税,轻财产税的税制结构,在优化税制结构的同时稳定财政收入。2021 年 10 月 23 日,全国人大常委会授权国务院在部分地区开展房地产税改革试点工作,进一步稳妥推进房地产税立法和改革。② 虽然基于房地产税对房价和租金波动的影响,国家目前在

---

① 参见习近平:《在全国脱贫攻坚总结表彰大会上的讲话》,《人民日报》2021 年 2 月 26 日。
② 《全国人民代表大会常务委员会关于授权国务院在部分地区开展房地产税改革试点工作的决定》,新华社,2021 年 10 月 23 日。

加快房地产税立法进程的同时也保持着谨慎的态度,但房地产税作为调节居民财富、促进共同富裕的手段仍然具有较大的意义。三是通过慈善税收,引导形成更加公平有序的第三次分配。党的十九届四中全会首次明确提出"重视发挥第三次分配作用,发展慈善等社会公益事业",从根本上确立了慈善事业在我国国民经济和社会发展中的地位。慈善事业是我国社会多层次社会保障体系的重要组成部分,是社会救助制度和兜底保障制度的有益补充,是实现社会第三次分配的关键要素,是社会主义核心价值观的重要体现,在消除贫困、促进社会和谐方面具有特殊的作用,是国家治理体系与治理能力现代化不可或缺的重要力量。随着 2016 年《中华人民共和国慈善法》的颁布,中国慈善事业取得长足的发展和进步。新冠肺炎疫情发生以来,全国各级慈善组织、红十字会广泛动员募捐、开展慈善活动,为驰援武汉、防控疫情作出突出贡献。可见,慈善事业对推进社会治理、实现第三次分配愈发重要。

## 第三节　应对经济运行挑战,推行大规模减税降费

### 一、国外减税落地,国内经济新常态

党的十八大以后尤其是近年来,我国实行了大规模的实质性减税降费,2016 年至 2021 年新增减税降费累计超 8.6 万亿元,宏观税负由 2012 年的 18.7%降至 2021 年的 15.2%左右①。以近三年为例,2019 年,全国累计新增减税降费超过 2 万亿元,占 GDP 比重超过 2%,拉动全年 GDP 增长约 0.8 个百分点。② 2020 年,全年新增减税降费超过 2.5 万亿元,为 399 万户纳税人办理延期缴纳税款 292 亿元,及时准确办理出口退税 1.45 万亿元,有效激发了市场主体活力。③ 2021 年新增减税降费约 1.1 万亿元。

---

① 《去年新增减税降费预计超万亿元》,《人民日报》2022 年 1 月 10 日。
② 《去年新增减税降费超两万亿元》,《人民日报》2020 年 1 月 8 日。
③ 《2020 年新增减税降费超 2.5 万亿元——助力企业渡难关　稳住经济基本盘》,《人民日报》2021 年 1 月 17 日。

　　党的十八大以来,国内经济进入新常态,经济运行面临新的挑战,也是推行大规模减税降费的一个重要背景。从 2012 年开始,随着我国经济发展阶段的提升和经济发展方式的转变,2012 年、2013 年、2014 年上半年增速分别为 7.7%、7.7%、7.4%,至 2019 年经济增速总体维持在 6%—8% 的区间波动,我国经济增速告别了过去 30 多年平均 10% 的高速增长。习近平总书记在 2014 年 5 月赴河南考察时首次提出中国经济进入了新常态,中国发展仍处于重要战略机遇期,我们要增强信心,从当前中国经济发展的阶段性特征出发,适应新常态,保持战略上的平常心态。

（单位：亿元）

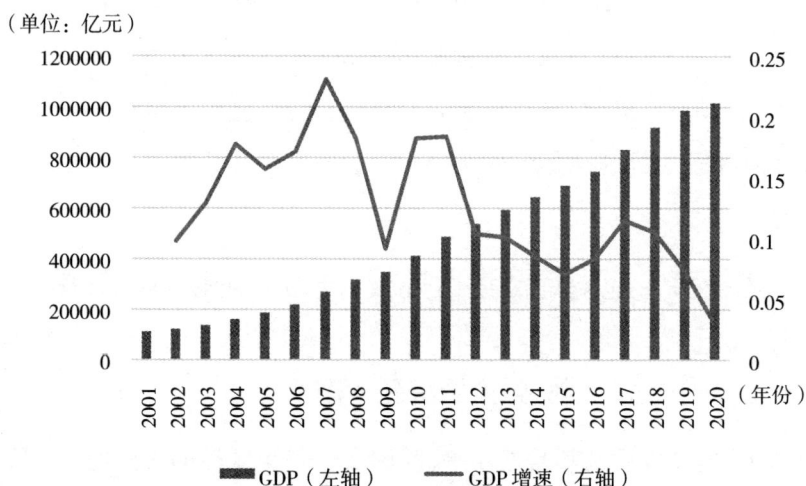

**图 6-1　2001—2020 年中国名义 GDP 和增速状况**

资料来源：国家统计局。

　　增速区间的变换本质上是我国经济进入了新的经济发展阶段。我国积极推动经济发展方式转变,不断推动经济发展由高速增长向高质量发展转变,在资源环境约束日益趋紧的条件下,原有的依靠投资拉动和规模速度扩张的增长模式难以为继。在这样的背景下,我国国内经济下行压力持续增大,尤其是制造业、实体经济压力大、负担重、发展困难。

　　2018 年年初,中央提出了"稳就业、稳金融、稳外贸、稳外资、稳投资、稳预期"的经济工作方向,并明确提出"研究大规模减税降费",以稳定市场预期和市场信心。习近平总书记在 2018 年民营企业座谈会、2019 年和 2020 年中央经济工作会议、2019 年新年贺词中多次对落实"减税降费"政策提出明确要求,减轻企业税费负担,抓好供给侧结构性改革、降成本等各项工作,推进增值税等实质性减税,对小微企业、科技型初创企业可以实施普惠性税收免除。

2018 年 12 月召开的中央经济工作会议进一步明确提出"实施更大规模的减税降费",在 2018 年 1.3 万亿"减税降费"的基础上,2019 年"减税降费"的规模将达到 2 万亿元。因此我国在 2019 年实施了更大规模"减税降费"政策,激发市场主体活力,加快促进经济触底回暖,有效应对复杂的国际环境。新冠肺炎疫情暴发以来,我国保持并强化了前期的一系列减税降费举措。2021 年政府工作报告进一步指出,继续执行制度性减税政策,实施新的结构性减税举措,把减税政策及时落实到位,确保市场主体应享尽享。

## 二、减税降费惠民,税制结构优化

本轮减税降费是对我国之前减税政策的延续和进一步深化,通过对比分析,该轮减税降费的举措和特点如下。

从纵向对比来看,我国前期已有多次减税举措。改革开放初期提出了"放权让利"政策,而且自 2008 年以来已实施一系列减税政策,尤其在 2008 年年底正式提出结构性减税政策。2009 年以来,我国多次提高小微企业所得税征税门槛,并通过提高营业税和增值税的起征点来降低企业税负。通过降低小排量汽车的车辆购置税率,鼓励居民购买小排量汽车。不仅如此,国家还通过提高个人所得税扣除额、调整个人所得税税率等举措减轻中低收入家庭的所得税负担,提高他们的收入水平进而扩大内需。中央出台了针对集成电路和软件等高科技产品的税收优惠政策,以促进高技术产业的发展;亦出台了针对西部地区鼓励类产业的税收优惠政策,以促进西部地区发展。

而党的十八大以来尤其是 2016 年以来的减税降费举措主要包括以下方面。一是对小微企业实施普惠性税收减免。第一,提高增值税小规模纳税人起征点。第二,放宽小型微利企业标准并加大优惠力度。第三,对小规模纳税人交纳的部分地方税种,可以实行减半征收。即允许各地按程序在 50% 幅度内减征资源税、城市维护建设税、印花税、城镇土地使用税、耕地占用税等地方税种以及教育费附加和地方教育附加。第四,扩展初创科技型企业优惠政策适用范围,对创投企业和天使投资个人投向初创科技型企业可按投资额的 70% 抵扣应纳税所得额,也就是说,如果创投企业和天使投资个人向初创科技型企业投资,投资额的 70% 可以拿来抵减应纳税所得额。二是深化增值税改革,继续推进实质性减税。三是全面实施修改后的个人所得税法及其实施条例,落实 6 项专项附加扣除政策,减轻居民税负。四是降低社会保险费率,同时,清理规范收费。

与我国之前减税政策相比,本轮减税降费政策更加强调实质性特征。首先,从字面上理解,所谓"'实质性'减税降费"应当是"能够落到实处,让广大微观经济主体能够感受得到,真正对其生产和生活活动有所帮助的"减税降费。关于如何"落到实处",闫坤、蒋震(2017)①认为在制定减税降费政策时,应注重呈现"实惠性""激励性""科学性""协同性"和"可持续性"五个方面的特点。必须实施以降成本为主要目标、以企业为重点对象、以流转性税费为具体种类、以节用裕民为支撑财源和以制度变革为实施途径的实质性减税降费。高培勇(2018)②认为,我国以降成本为主要目标,转入高质量发展阶段的减税降费操作相对复杂。循着供给侧结构性改革这条主线,降成本不仅要以降低企业成本为主要着眼点,而且要以降低企业的生产经营成本为重心。故而,聚焦于降成本的减税降费,在具体税种和费种的选择上需要格外讲究,系有针对性的减税降费。既然要降低企业生产经营成本,那么应主要是发生于企业生产经营环节的税费。

其次,从政策着眼点和实施的效果来看,不论是改革开放初期实行的"放权让利"还是 2008 年的"结构性减税",尽管总体上实现了政策提出时的减税意图,但同时都带来了一定的负面影响。"实质性减税降费"不是"大水漫

---

① 闫坤、蒋震:《实施战略性减税降费的主要着力点及政策建议》,《税务研究》2019 年7 月。

② 高培勇:《我们究竟需要什么样的减税降费》,中国日报网,2018 年 12 月 8 日。

灌"。一是从财政可持续性上看,改革开放初期"放权让利"针对的是之前计划经济体制和统收统支的财政体制,目的在于调动包括地方政府、企业和居民个人的积极性;结果是 1994 年分税制改革之前"财政收入占 GDP 比重"和"中央财政收入占全国财政收入的比重"过低,国家宏观调控能力受到严重削弱。二是政策实施效果未必好,甚至会出现较长时间内难以完全消化的"副作用"。2008 年我国实行结构性减税,但是在很大程度上着眼于"需求侧",直接目的在于刺激"投资、消费和出口"经济增长的"三驾马车"。在我国经济规模相对较小的背景下,"需求侧"为主的减税政策作用的直接结果是经济规模的快速扩张。随着我国经济体量的不断增加,本轮"实质性减税降费"更多地将各种政策措施置于经济全球化的背景下考量,最大限度地消除政策各种可能的"后遗症",同时以合作共赢的姿态让国际社会能够主动接纳我国的财税政策。

表 6-7 是实质性减税降费与改革开放初期放权让利和 2008 年减税的特点比较。

**表 6-7　"实质性减税降费"、改革开放初期"放权让利"、**
**2008 年"结构性减税"的比较**

| 政策措施 | 放权让利 | 结构性减税 | 实质性减税降费 |
|---|---|---|---|
| 实施时间 | 20 世纪 80 年代至 1994 年 | 2008 年 | 党的十八大以来 |
| 政策力度 | — | — | 近年来力度最大 |
| 政策目标 | 需求刺激为主 | 需求刺激为主 | 供给侧结构性改革 |
| 政策时限 | "摸着石头过河"的政策探索 | 以应对国际金融危机为主的短期刺激政策 | 着眼长远的制度变革,推进国家治理体系和治理能力的现代化 |
| 负面影响 | "两个比重"持续走低,国家宏观调控能力受到严重影响 | 1.国内生态环境问题突出 2.行业扭曲效应明显 3.财政补贴"骗补"问题猖獗 4.境外贸易摩擦加剧 | 负面影响和扭曲效应最小化;充分考虑了国际影响和政策外溢 |

资料来源:白彦锋:《实质性减税降费与经济高质量发展》,《新疆财经》2020 年第 1 期。

## 三、激发经济活力,推动高质量发展

本轮减税降费致力于构建服务于经济高质量发展的减税降费税收政策体系,并有利于推动我国经济迈向高质量发展。具体来说,主要表现为以下几个方面。

### (一)动力变革:培育吸引人才的个人所得税改革

通过针对高层次人才的个人所得税改革,推动我国经济发展动力变革。动力变革,就是要在劳动力数量和成本优势逐步减弱后,适应高质量、高效率现代化经济体系建设的需要,加快劳动力数量红利到质量红利的转换。目前世界各国也在通过各种优惠政策积极引进高层次人才,因此引进和留住高层次人才是我国政策制定时需要重点关注的因素。个人所得税及社保费的改革与经济发展的动力变革相挂钩,重点关注高层次人才的税收优惠政策建设,促进各类人才的合理流动,更大程度地调动企业家、科学家、技术人员和其他人才的主动性、积极性和创造性,打破阶层固化,拓展纵向流动、奋斗成才的渠道和机会。

从国内来看,2021 年我国人均国内生产总值超过 8 万元人民币,按年均汇率折算为 12551 美元,虽然尚未达到高收入国家人均水平的下限,但逐年接近,已经超过了世界人均 GDP 水平(1.21 万美元左右),正在稳步向高收入国家行列前进。我国在高科技产业虽然取得了很大的进步,部分行业在国际上还处于领先地位,但是和欧美一些发达国家相比,我国的高科技研究和高科技行业总体上还有很大的差距,国际竞争力不足,这是限制我国经济发展和产业结构升级的瓶颈。而推动产业发展和升级的基础是专业人才的投入。目前世界各国也在通过各种优惠政策积极引进高层次人才,因此引进和留住高层次人才是我国政策制定时需要重点关注的因素。从当前国际形势来看,世界各国展开人才争夺战。面对全球性的人才短缺危机和快速发展的信息革命,世界各国都认识到高端专业人才的价值性和稀缺性,纷纷出台政策,增加投入,花大力气培养人才、留住人才、集聚人才,在全球范围内掀起了一场人才争夺战。

面对全球范围的人才争夺战,我国也需要培育和吸引人才,解决人才在生活中遇到的问题。比如在一线城市,制约人才积极性的除了高房价,就是教育、医疗资源的紧缺。部分大型企业的研发人员收入较高,相比之下对于子女教育,尤其是高质量教育的要求更高更紧迫。而二线城市,医疗教育资源由于相对充足,不再是研发人员关注的焦点。但是长期以来我国政策尤其是财税优惠政策没有针对不同地区、不同需求的人才给出差异化的政策方案,导致政策的吸引力降低。长期以来,我国的个人所得税的优惠没有针对性,给予个人的优惠政策没有落到具体,整体来说比较粗糙。同时我国对于高科技人才的优惠政策更多地落在了"头衔"上,对高科技人才的认定过于片面和狭窄。另外,我国的个人所得税的最高边际税率同国际上平均最高边际税率相比仍有下降的空间。

本轮减税降费中,个人所得税改革举措有助于解决人才生活中遇到的问题,提升对人才的吸引力,从而有助于形成各类人才竞相涌现的局面。首先,减除费用标准提高至 5000 元/月,并适用新税率表,总体上降低了边际税率。其次,增加住房、教育、医疗、赡养老人等 6 项专项附加扣除,尤其是住房扣除实现了不同城市之间的差异化,虽然政策力度仍有进一步的提升空间,但初步实现了税制模式的根本性转变,标志着综合与分类相结合的个人所得税制全面实施,为以后的改革打下了坚实基础。再次,劳务报酬所得、稿酬所得、特许权使用费所得并入综合所得计税,且以收入减除 20% 的费用后的余额为收入额。最后,充分依托互联网、大数据等技术,通过个人所得税 APP 等助力征管,便利缴税,提升了纳税的服务水平。总之,尽管部分针对人才的税收政策力度仍有进一步提升空间,但本次个税改革为优化纳税服务、培育和吸引人才提供了政策框架基础。

(二)质量变革:促进增值税税制中性的改革

通过促进增值税税制中性的改革,从而推动我国经济发展的质量变革。质量变革包括通常所说的提高产品和服务质量,更重要的是全面提高国民经济各领域、各层面的素质。要把提高供给体系质量作为主攻方向,向国际先进质量标准看齐,开展质量提升行动,显著增强我国经济质量优势,使中国制造和中国服务成为高质量的标志。增值税是我国税制当中的主体税种,占我国税收收入的三分之一以上。因此,增值税政策的"一举一动"无疑对我国经济发展具有"纲举目张"的作用,其改革和发展对促进经济增长质量和经济效益提升、经济结构迭代升级的高质量发展具有重要意义。

2019年的《政府工作报告》指出,把市场主体的活跃度保持住、提上去,是促进经济平稳增长的关键所在。可见,当前我国市场主体活力不足是宏观经济下行的根本原因。增值税层面,长期以来税制设计在税率档次、留抵税额、税收优惠等方面有较多问题,影响了要素和商品流转链条上不同环节的负担水平。此外,增值税优惠政策体系较为复杂,增加了纳税人的遵从成本。此外,各类优惠政策较多,如果优惠政策设计不够科学、不够完善,或是对税收的收入目标、效率目标和公平目标以及具体的政策调节目标之间的权衡不足,或是未充分考虑政策可能带来的正面和负面影响以及不同税种之间的交互作用,可能反而对经济主体的行为选择乃至整个经济的运行产生扭曲,不利于经济的优化配置,甚至产生效率损失,影响了经济发展质量。

作为应对经济形势的逆周期调控政策,我国的实质性减税降费以激发市场主体活力为目标,同时要立足中长期税制改革,更好地优化税制结构,有利于全面提升高质量发展能力。首先,我国降低了增值税税率,并简并了税率档次,一般纳税人的主要税率从17%降至16%,并进一步降至13%,考虑到增值税是我国税制当中的主体税种,对经济流通环节的影响巨大,降低增值税税率和减少税率档次,有助于畅通经济流通环节,提升经济活力和发展质量。其次,除了降低增值税税率外,我国近年来一直致力于推进的营改增、打通第二产业与第三产业之间的抵扣链条、减少重复课税,无疑也属于实质性减税降费的内容,亦有助于提升市场活力和经济发展质量。也就是说,我国的减税降费政策既包括了减税率等普惠式的减税降费政策内容,更包括营改增等完善税制、通过税收政策调整促进经济增长质量和经济效益提升、经济结构迭代升级的高质量发展政策选项。

（三）效率变革：降低企业所得税中的交易成本的改革

通过降低企业所得税中的交易成本的改革，推进经济发展效率变革。经济效率变革就是要找出并填平在以往高速增长阶段被掩盖或忽视的各种低效率洼地，为高质量发展打下一个效率和竞争力的稳固基础。企业所得税的改革以效率为主，减少税收对生产效率的扭曲效果，降低了交易成本。

就企业所得税而言，长期以来，一方面，因受到收入结构复合性影响出现的重复征税，一定程度上会造成正常投资决策和生产经营决策扭曲。以产业投资基金为例，个人投资者受到资金规模限制、风险承受能力不足等因素的影响，需借助于产业投资基金的渠道对特定行业和企业进行投资，而形成的收入则可能在投资基金层面缴纳企业所得税，并在分配给投资者后再缴纳个人所得税，从而形成重复征税，降低了投资的实际收益水平。另一方面，与区域税收分配有关的制度性交易成本成为影响市场主体活力的重要因素，包括跨地区分公司的成立注销成本，税收注册地的迁移成本等都是制度性交易成本。以上问题的存在都会在一定程度上影响市场主体活力的释放。从这个意义上讲，建设全国统一市场、实现生产要素的低成本流动，仍然任重道远。

在本轮减费降税过程中，虽然未普遍性地降低企业所得税税率，但是针对小微企业和高科技企业研发活动的所得税优惠力度进一步增强，两相对比之下有助于扭转低效率洼地的局面，激发市场主体活力和效率。例如，企业研发费用加计扣除由50%提升到75%，将制造业企业加计扣除比例进一步提高到100%，有利于激发微观主体的创新活力，提升经济运行效率。再如，对于年应纳税所得额不超过100万元的部分，原政策是减按25%计入应纳税所得额，2021年再减半征收，总体税负降至2.5%。这有助于充分激发小微企业活力，提升总体经济效率。

表6-8是实质性减税降费与经济高质量发展的关系总结。

表 6-8　实质性减税降费与经济高质量发展之间的关系

| 供给侧结构性改革重要政策载体:实质性减税降费 | | | 高质量发展目标 |
|---|---|---|---|
| 主体税种 | 税收收入占比 | 主要作用机制 | 目标导向 |
| 增值税 | 40%左右 | 1. 营改增消除重复课税<br>2. 降低税率<br>3. 简并税率档次 | 质量变革:<br>1. 经济增长质量提升<br>2. 经济结构改善 |
| 企业所得税 | 20%左右 | 1. 固定资产加速折旧<br>2. 研发费用加计扣除<br>3. 降低小微企业税负 | 效率变革:<br>促进创新研发和小微企业发展 |
| 个人所得税 | 7%左右 | 1. 综合征收<br>2. 专项扣除<br>3. 税率降低<br>4. 税负降低 | 动力变革:<br>要素投入型→知识技术驱动型 |

资料来源:白彦锋:《实质性减税降费与经济高质量发展》,《新疆财经》2020 年第 1 期。

# 第七章 高质量发展背景下的现代财税体制改革展望

## 第一节 进入新发展阶段,迎接全新挑战与要求

### 一、新发展阶段下社会经济面临的新挑战

在过去的几十年中,我国经济高速增长,取得了举世瞩目的斐然成就。自2021年起我国经济迈入了新发展阶段。在现阶段和未来的一段时间内,我国经济将面临来自于科学技术、自然和公共卫生环境、国际社会、国内社会四个方面的新挑战。这些挑战的成因错综复杂,其影响范围较大,充分地认识与应对这些挑战是实现经济高质量发展的重要前提。

（一）来自科学技术的挑战

近年来,以互联网、大数据、人工智能为代表的新一代信息技术已经从各个方面渗入社会经济中,数字经济时代已经来临。数字化、数字经济相关技术给我国带来更强的经济增长动力和更好的发展机遇的同时,数字经济孕育的全新商业模式也给我国的财政体系带来了新的挑战。

首先,数字化时代下,平台经济应运而生。与以往的商业模式不同,由于互联网企业边际成本几乎为零,且用户数量更多的平台往往更容易吸引其他用户,导致平台经济"赢者通吃"的特点显著。平台企业自身的特点也导致其在税收征管上难度更大。平台企业可以通过互联网将业务扩展至任何省份,甚至其他国家,这使得其所在地和业务覆盖区域往往不一致,造成区域间税源

分配不公平。而且,平台企业可以将其运营部门、研发部门等设置在不同区域,这使得其更容易通过利润转移的方式进行避税,造成税基侵蚀。如何对这些数字平台企业进行合理的征税,一方面抑制平台企业的"赢者通吃"现象、防止垄断发生,另一方面解决平台企业税收征管中存在的区域间税源分配问题和税基侵蚀问题,是目前亟须解决的问题。

其次,共享经济也是数字经济时代下一种全新的商业模式。共享经济是指拥有闲置资源的个人或团体通过互联网平台将闲置资源的使用权有偿让渡给他人的商业模式。在共享经济模式下,纳税人的自由度大、流动性高,这导致相关信息难以掌控、真实营业额难以确认、税收遵从度低等问题,这对现有税收征管体系是一个较大的挑战。除税收外,如何统筹共享经济从业人员的社保也是个重要的问题。共享经济从业人员与平台之间往往不是雇佣关系,而是作为独立承包商存在,这些从业人员灵活度高、稳定性差、规模庞大,如何将这类从业人员纳入现有社保体系,保障其基本权利也是一个巨大的问题。

最后,除了应对数字经济带来的外部挑战,财税体系自身也需要进行数字化转型。数字化大大降低了信息传递成本和监督成本,可以提升财税系统的监督效率。目前财税体系的数字化转型正在如火如荼地进行,以"金税工程三期"为代表的全国性税收信息系统已基本建成,"金税工程四期"正在推进中,然而我国具备相关技能的财税从业人员较少,对于税收大数据的开发利用仍然处于初级阶段。

(二)来自自然和公共卫生环境的挑战

近年来,以气候变化、新冠肺炎疫情为代表的自然和公共卫生环境造成的冲击也给我国经济带来巨大挑战。

在气候变化方面,近年来全球变暖引发的气候灾害频发,造成了巨大的经济财产损失,甚至威胁到人民群众的生命安全。为了遏制全球变暖现象,建设生态文明,我国在"十四五"规划中提出了在2030年达到"碳达峰",2060年实现"碳中和"的目标。但生态环境问题是典型的"公地悲剧"问题,在没有财税制度介入的情况下,个人和企业几乎没有激励控制自身碳排放、减少污染。因此,建立合理的环境税体系,在激发个人和企业绿色化转型的同时保证经济稳定增长,是目前财税体系的一大挑战。

在新冠肺炎疫情方面,2019 年年底的新冠肺炎疫情给全球的社会经济带来了巨大的负面冲击。在疫情影响下,很多企业和个人,尤其是中小企业和低收入人群,都遭遇了巨大的负面影响。为了缓解新冠肺炎疫情带来的负面影响,我国在 2020 年年初出台了一系列降低企业税负、延缓社保缴纳等财政政策,并及时给予有困难的群众财政补贴等。在新冠肺炎疫情防控常态化的大背景下,财税制度面临诸多挑战:其一,从短期来看,如何利用财税政策支持受疫情影响大、抗风险能力较差的中小企业、个体商户,促进重点人群就业,保障人民群众的基本生活,是一个迫在眉睫的问题;其二,从长期来看,面对越来越频发的公共危机,如何建立有效的财政支持制度以应对突发危机,也是我们需要深入思考的问题。

(三)来自国际社会的挑战

在经济全球化的过程中,企业的全球化趋势非常明显。在数字化的加成下,企业全球化更加显著。一些大型企业,特别是数字型企业如微软、苹果等,其部门和业务遍布世界各地。这也给现代财税体制造成一定挑战。一方面,对于大型跨国企业来说,可以在企业内部低成本地将利润从高税率国家转移到低税率国家,实现跨国避税;另一方面,企业的全球化也导致各国税收竞争加剧,企业更容易从高税率国家转移到低税率国家,这导致高税率国家税源减少,因此各个国家和地区也会竞相降低税率,产生国际税收竞争。如何遏制跨国企业避税、避免恶性国际税收竞争是经济全球化的大背景下无法回避的问题。

经济的全球化是不可逆转的大趋势,但近年来,随着全球经济增长放缓,经济出现了一定的“逆全球化”,单边主义、贸易保护主义有所抬头,国际冲突和争端也有所增多。我国作为一个进出口贸易大国,更加频繁的国际冲突和争端对我国经济的负面影响不言而喻。关税是国际争端的武器,两国之间的冲突往往伴随着以关税税率调整为主要手段的贸易战。在国际局势更加动荡的今天,如何通过关税等税收手段应对国际冲突,为国内企业、特别是进出口相关企业,营造良好的营商环境,也是目前税收体系需要考虑的问题。

（四）来自国内社会的挑战

经过过去几十年的发展,我国目前已经消除了绝对贫困,全面建成小康社会,进入了新发展阶段。新发展阶段中,我国一方面有了更高层次的目标和追求,另一方面面临复杂程度更高、难度更大的挑战。

从短期来看,近年来经济增长放缓、经济下行压力增大,加之新冠肺炎疫情等外部负面冲击,国内经济形势较为严峻,严峻的国内经济形势给财政系统带来了一定压力。财政收入上,经济下行的压力导致企业和个人的收入降低、减税降费政策的推行,都使得提升财政收入的难度更大;财政支出方面,频繁的自然灾害和公共卫生危机、更加严峻的人口老龄化问题,都带来了更大的财政支出压力。在这种情况下,提高财政系统效率、制定更高效的财税制度、从内部实现开源节流是非常必要的。

从长期来看,我国目前的基本矛盾已经转变为人民日益增长的美好生活需要和不平衡、不充分的发展之间的矛盾。要解决发展不平衡、不充分的问题,实现共同富裕目标,离不开财税体系的支持。财政税收是调节收入分配的主要工具。2021 年 8 月 17 日,中央财经委员会第十次会议指出要加大税收、社保、转移支付等调节力度并提高精确性。由此可见,在解决我国发展不平衡、不充分问题,实现共同富裕的道路上,我国财税体系担负着重大责任,面临着艰巨挑战。

## 二、新发展阶段下财税体制面临的新要求

新发展阶段中的挑战对我国的财税体系提出了更高的要求。

第一,为应对以数字经济为代表的科技变革,实现创新发展,我国财税体系需更加注重激励研发创新,尤其是原创的、解决"卡脖子"问题的重大研发创新。并且在保护创新的基础上,注重防止大型科技公司出现垄断行为。

第二,为应对更加频繁的自然灾害和公共卫生危机,实现绿色发展,在税收制度上需设立更有效的环境保护税,设计更科学的碳税;在财政制度上需加

强应对突发公共危机事件的财政保障支持体系。

第三,为应对经济的全球化浪潮、更好面对国际争端和冲突,实现开放发展,我国急需将税收的底层逻辑由"国家税收"转向"国际税收",将税制的国际要素纳入制度设计中,在维护我国税收主权和国家利益的基础上,提升开放水平,助力构建国内国际双循环相互促进的新发展格局。

第四,为解决国内社会经济的问题,实现协调发展和共享发展,我国急需加强财政税收制度的再分配功能,在保证提供足够的经济发展激励的情况下,运用财政税收工具提高区域、行业、城乡发展的均衡性,降低个人财富和收入分配的差距,保证低收入人群也能够享受经济发展成果。

## 第二节　基于新发展理念,重构现代财税体制

### 一、财税体制与创新发展

创新是引领发展的第一动力,决定了发展的速度、效能、可持续性。在新发展阶段下,要实现经济高质量发展、实现中华民族的伟大复兴,离不开科技创新这一引擎。但是,研发创新活动风险较大、周期较长,需要大量资金支持,而且研发创新会产生正向的外部溢出效应(正外部性),导致研发创新活动的利润无法被其创造者独享,因此企业和个人研发创新的激励往往是不足的。这时,财税制度的支持是非常必要的。

我国现有针对研发创新的财政补贴和税收优惠政策已经取得一定效果。在新发展阶段,为进一步推进研发创新,特别是原创性的、解决"卡脖子"问题的研发创新,在实施财政补贴和税收优惠政策时,一方面,应当更有针对性,对不同类型、不同行业、不同生命周期的企业采取不同的政策措施;另一方面,应当更有系统性,将财政补贴、研发费用加计扣除、所得税优惠、固定资产加速折旧等政策工具进行统筹规划,提高政策的有效性。

目前,经济发展已经进入数字经济时代,数字化企业已经是创新发展的一大动力。在数字经济的大趋势下,我国在抓住数字创新带来的机会窗口的

同时,也应当完善现有税收制度,使之适应数字经济新态势:首先,对于数字企业存在的利润转移、逃税问题,需要加强对数字企业的税收征管,尽快制定数字企业营业收入归属确认规则,防止企业进行利润转移,也有助于防止区域间形成税收竞争;其次,对于数字平台企业的无序发展导致的垄断、算法歧视、压榨员工等问题,也需通过财税制度予以制约,比如可以通过加快数字税的研究和立法来规范数字平台企业行为。

## 二、财税体制与协调发展

协调是经济持续健康发展的内在要求。在协调发展中,实现区域间的协调发展是重中之重。我国幅员辽阔、人口众多,各个地区在自然资源禀赋、经济基础、历史文化上都有很大差异,这也导致各个区域的发展程度存在巨大差异,如何平衡各个区域发展、减小经济发展差距一直是我国经济工作的重要问题。但是,市场机制往往会放大地区间的发展差异,没有政府的干预很难实现发展的整体性和协调性。在所有的政策工具中,财政税收制度的支持对实现经济协调发展、增强发展的整体性协调性是必不可少的。在建设现代财税体制的过程中,应当充分发挥财政制度的分配调节职能。

为了实现经济发达地区和欠发达地区的协调发展,在财政制度上,首先,需完善转移支付制度、提高转移支付效率,积极探索地区间对口支援等新型转移支付模式,提高经济发达地区地方政府支持区域协调发展的积极性。其次,对经济欠发达地区实施更有针对性的财政支出策略,加强基础设施建设,为经济欠发达地区提供均等化的公共产品,消除经济欠发达地区的发展障碍;在税收政策方面,可以对经济欠发达地区采取适当的税收优惠措施,激发当地经济增长的内生动力。最后,实现协调发展光靠财税制度也是无法完成的,财税政策应当与当地的产业政策、金融政策等进行协调,共同营造有利于当地经济发展的政策环境。

## 三、财税体制与绿色发展

绿色发展是新发展阶段下经济发展的普遍形态,是高质量发展的底色,是永续发展的必要条件、是人民对美好生活追求的重要体现。① 但是,要实现绿色低碳发展不但需要绿色低碳技术的创新、高能耗产业的升级转型,还需要从消费者到生产企业等各个市场主体对绿色低碳理念、绿色发展路径的接受。这多方面的转变都离不开政府部门的政策支持。在推动绿色发展的过程中,财税政策能够起到重大的引领推进作用:第一,绿色发展涉及大量的基础设施建设和新能源技术的研发,这需要大量资金。而基础设施建设和技术研发都是典型的公共产品,私人部门对这两部分的投资激励不足,没有政府投资的牵引是无法满足实现绿色技术创新和基础设施建设的资金需求的。第二,由于外部性问题,导致个人和公司等市场主体缺乏进行绿色转型的激励,以碳税、环保税为代表的税收工具可以激发市场主体控制碳排放的内生动力,激励其主动进行绿色低碳转型。第三,在实现绿色转型的过程中,需要通过财政工具来协调减排与经济发展的关系。绿色低碳转型一方面能够通过技术进步带来新的发展机会,另一方面也会导致传统行业发展受到限制,如何在减少碳排放的同时,确保我国经济运行在合理区间是一个重要问题。而财政手段可以起到稳定经济的作用,减少减排对经济的负面影响,放大其积极作用。因此,在目前碳达峰、碳中和的政策要求下,重塑现行绿色税制体系,完善现有绿色财政政策,发挥财税政策在推进绿色低碳转型中的牵引作用是非常重要的。

在构建推动绿色发展的现代财税体制、发挥财税政策牵引绿色低碳转型作用的过程中,需要:一是利用政府投资等政策鼓励绿色低碳技术的创新、绿色低碳基础设施建设;二是利用绿色税制体系引导市场主体采用绿色低碳发展路径,共同推进绿色低碳转型;三是利用转移支付等手段平衡绿色低碳减排和经济发展的关系。此外,还需联动产业政策、能源政策、金融政策,多管齐下、协同实现绿色发展目标。目前,一些学者也提出了具体的政策建议,如刘尚希在《优化绿色低碳转型财税政策 为实现"双碳"目标提供重要支撑》一文中提出,需要从激励低碳能源、产业、技术、产品的发展和约束高碳产业、企

① 参见北京市习近平新时代中国特色社会主义思想研究中心:《努力实现绿色成为普遍形态的发展》,人民网,2022 年 2 月 24 日。

业这两个方面入手,采取政府与市场双轮驱动以形成"1+1>2"的合力、投资与融资政策联动以构建绿色投融资体系,统筹处理转型风险以确保安全降碳、减污与降碳相结合,加强财税政策协同效应。

## 四、财税体制与开放发展

开放发展是推动经济高质量发展、实现国家繁荣富强的必由之路。在全球化浪潮下,国际贸易占整个经济的比重越来越高,产业链的全球化分工越来越明显,特别是在数字经济赋能下,大型公司也开始走出国门,成为全球化公司。虽然目前由于国际争端的频发,加之新冠肺炎疫情的影响,全球步入了一个动荡变革期。但是和平、发展、合作、共赢仍然是势不可挡的时代潮流,推动开放发展、实施更深层次的国际合作仍然是未来一段时间的主旋律。在开放经济中,整个经济无疑会受到国际环境的强烈影响,财税体制也不例外。越来越开放的经济可能给我国财税体制带来两个挑战:第一,开放经济下,企业更容易将利润转移到税收更低的地区,导致税基流失问题严重;第二,开放经济下,外部风险也更容易传播到我国,对国内的经济安全产生影响,这可能影响到我国的财政安全。

为了在更加动荡的国际环境中进一步推动开放发展,一方面我国应当积极融入全球税制改革浪潮中,将国际因素充分纳入我国税收制度的制定中,积极参与国际税收合作以应对税基流失带来的负面影响;另一方面,在开放的国际环境下,其他国家的风险也更加容易传播到我国、影响我国经济安全,因此我国也应当更加注重自身财政税收体系的安全性,在财税政策中贯通风险思维,完善应急机制,为可能出现的国际争端和冲突提前做好准备。

## 五、财税体制与共享发展

让全体人民共享经济发展成果、实现共同富裕是我们党的根本目的和宗旨,是社会公平正义的集中体现。目前,我国的主要矛盾已经转化为人民日益增长的美好生活需要和不平衡不充分的发展之间的矛盾。只有坚持共享发展理念,才能解决发展不平衡不充分的问题,才能实现中华民族的伟大复兴。实现共享发展必须依靠注重公平的再分配制度,而财税体制在再分配领域中起到至关重要的作用。然而,总体来看,目前我国财政税收制度的再分配效应较低,特别是税收制度未能达到预期的再分配效果。

在推动共享发展、实现共同富裕的过程中,建立有利于共享发展的财税体系是必需的。其中,改革现有的税收、转移支付和社会保障制度可以直接提高再分配效率,有助于实现共享发展、达到共同富裕目标。具体来说,在税收制度方面,需要完善目前的税收体系,提高直接税占比,完善间接税制度,使直接税和间接税"同向同行",共同加强税收的再分配效应。此外还应当加强税收征管,严厉打击偷税逃税现象,防止由于偷税漏税造成的财富分配不公问题;在转移支付制度方面,需要更有针对性地完善目前政策和制度,提升政策效率,将精准扶贫与转移支付结合起来,充分发挥转移支付的再分配效应;在社会保障方面,需要加强现有的社会保障力度、扩大社会保险覆盖范围,为贫困的群众提供基本生活保障,并且做好防止返贫工作,切实增强人民群众的幸福感、获得感和安全感。

## 第三节　推动财税体制改革,构建新发展格局

### 一、统筹新发展理念,推进财税体制改革

在新发展阶段,进一步深化财税改革、推进新发展格局已成为财政税务部门的一项重大任务。在深化财政税收体制改革的过程中,统筹创新、协调、绿色、开放、共享新发展理念,对现存的财政政策和税收制度进行系统性、协同性的优化和改革,是非常必要的。

(一)充分理解新发展理念政策目标的相关性,设计科学合理的财税制度

在统筹政策目标方面,创新发展、协调发展、绿色发展、开放发展、共享发展之间存在紧密联系,相关政策目标之间也存在关联。例如,在创新发展的过程中,科技的创新也能够服务于经济绿色化转型,数字化技术也可以促进区域协调发展和开放发展,有利于实现共同富裕。因此,只有在充分理解政策目标

之间的相关性的情况下,才能制定科学合理的财政税收制度。

（二）充分认识不同政策工具的相互影响,设计高效的财税体系

在推进财税体制改革的过程中,我们也需要充分考虑不同政策工具之间的互相影响,全面系统地改革相关制度。不同政策工具之间的相互影响会导致整体上财税制度的无效率,甚至造成人为的不公平现象。例如,对高新科技企业的研发费用加计扣除和所得税优惠政策,两者同时实施不仅会导致单个政策的边际效果下降,而且可能造成部分企业享受了过多政策优惠,对其他企业造成不公平现象。因此,我们需要考虑政策工具之间的相互配合,不能仅对单个政策做局部考虑。

## 二、加快数字化转型,打造智能型财税系统

在充分理解了新发展阶段的政策目标、设计了合理的政策工具的情况下,提高财税政策实施的效率和政策评估的精准程度也是现代财税体系需要做到的。在数字经济的赋能下,现代财税体系也可以做到数字化、智能化,信息技术和数字技术可以通过提高决策精准度、降低监管成本,从而大大提升政策实施的效率,并可以对政策实施的效果进行更加准确的度量。因此提高财税系统的数字化程度、打造智能型财税系统是非常必要的。

目前,智慧税务的建设已经如箭在弦。2021 年 3 月,中共中央办公厅、国务院办公厅印发的《关于进一步深化税收征管改革的意见》明确指出,要全面推进税收征管数字化升级和智能化改造,充分运用大数据、云计算、人工智能、移动互联网等现代信息技术驱动税务执法、服务、监管制度创新和业务变革,到 2023 年基本建成"无风险不打扰、有违法要追究、全过程强智控"的税务执法新体系,实现"以数治税"分类精准监管,到 2025 年基本建成功能强大的智慧税务。除了税务部门,在整个财税系统推进数字化改革也有巨大积极意义。

（一）充分利用互联网平台和区块链技术,提高财政税务部门数字化程度

近年来,随着互联网的普及,政府部门也纷纷将服务由线下转移至线上。线上政务不但提升了政府部门的运行效率,也大大方便了企业和居民,取得了很好的效果。财税系统近年来也推出了基于互联网的政务服务,如网上办税、

个人所得税 APP 等。随着"互联网+政务服务"的不断完善,跨部门、跨区域、跨系统的数据共享和业务协同需求也不断涌现。税务部门直接与企业和个人接触,财税系统的数据信息来源是非常广泛而丰富的。为了更好地利用数据,辅助政府部门进行决策,提升财政税务部门的数字化程度非常必要。互联网平台和区块链技术在财税体系中有广泛的运用场景,比如区块链发票等,利用互联网平台和区块链技术不仅可以提高财税系统效率,也可以更方便地实现跨部门、跨区域、跨系统的数据共享和协作,提高整个政府体系的运转效率。

(二)充分利用税收大数据、人工智能技术,辅助制定和评估财税政策

随着大数据、人工智能技术的发展,以数据驱动辅助决策已经逐渐成为趋势。目前我国"金税工程三期"已经完成,"金税工程四期"正在如火如荼的建设过程中,税务系统中将会有海量企业和个人的数据,这些数据有巨大的价值。我们可以充分利用税务系统中的信息,运用大数据、人工智能技术对数据进行分析和处理,以数据驱动的方式来模拟和评价财税政策的效果,从而辅助财税政策的制定。

## 三、通过现代财税体制,实现经济高质量发展

现代财税体制的根本目标还是要助力实现经济高质量发展。为了实现该目标,我国现代财税体制应当在坚持党的领导、贯彻党的理念的前提下,加强与产业政策、金融政策、贸易政策等其他政策的联动,共同推动经济高质量发展。

(一)坚持党的领导,在财税系统中加强贯彻党的理念

深刻把握、不断提高政治判断力、政治领悟力、政治执行力是做好财政工作的基本要求。在建设现代财税体制的过程中,坚持党的领导、全面贯彻党的理念是前提。为了更好地在财税系统贯彻党的理念,可以加强财税部门的党建,深入开展党史学习教育,积极组织财税体系工作人员进行党的理论学习,在学习中强化财政部门的为民情怀。

(二)加强财税政策与其他政策的联动,共同推动经济高质量发展

虽然财政是国家治理的基础,但是仅仅依靠财政税收政策是不行的,产业

政策、金融政策、贸易政策等在经济发展中也占据重要地位。因此,在政策制定时,财政政策应当加强与其他政策的联动,对各方面政策进行系统性的统筹,这样才能达到预期的政策效果,推动经济高质量发展。

(三)加强财税体系风险管理,从财政角度统筹发展与安全

在新发展阶段下,我们应对来自国内外的各类挑战、不同来源的各类风险,这给财政安全带来了巨大压力。财政安全是经济安全的基础和支柱,是各类经济安全的最后一道防线。在新发展阶段下强调的经济高质量发展,安全是其中重要的维度。近年来,党中央围绕新发展格局主题提出了一系列关于安全的表述,如"统筹发展与安全""实现稳增长和防风险长期均衡""实现发展质量、结构、规模、速度、效益、安全相统一"等。在统筹发展和安全中构建新发展格局,首先要统筹好财政发展和安全,离开了财政发展和安全这个前提,其他方面的发展和安全也难以提及和保障。因此,加强财税体系风险管理,防范化解涉及财政领域的重大风险是实现经济高质量发展的基础,是打造新发展格局的前提,具有极其重大的意义。

# 参 考 文 献

[1]白彦锋:《实质性减税降费与经济高质量发展》,《新疆财经》2020 年第 1 期。

[2]财政部:《关于 2018 年中央和地方预算执行情况与 2019 年中央和地方预算草案的报告——2019 年 3 月 5 日在第十三届全国人民代表大会第二次会议上》,《中国财政》2019 年第 8 期。

[3]蔡自力:《资源税改革立法助力绿色发展》,《紫光阁》2017 年第 12 期。

[4]陈龙、马源:《现代财税金融体制重在协同共治》,《学习时报》2021 年 2 月 10 日。

[5]陈晓运、黄丽婷:《"双向嵌入":社会组织与社会治理共同体建构》,《新视野》2021 年第 2 期。

[6]丁汝琳、樊铭俊:《消费税征收环节后移影响研究》,《投资与创业》2021 年第 17 期。

[7]范子英、彭飞:《"营改增"的减税效应和分工效应:基于产业互联的视角》,《经济研究》2017 年第 2 期。

[8]冯瑜:《消费税调整的影响和进一步改革的建议》,《中外企业家》2015 年第 14 期。

[9]甘家武、张琦、舒求、李坤:《财政事权和支出责任划分改革研究:兼论分税制财政体制改革》,《云南财经大学学报》2019 年第 4 期。

[10]高柯:《企业所得税优惠政策——对税率优惠政策的解读(一)》,

《华东科技》2012 年第 7 期。

[11]高培勇:《"基础和支柱说":演化脉络与前行态势——兼论现代财税体制的理论源流》,《财贸经济》2021 年第 42 期。

[12]高培勇:《构建新发展格局:在统筹发展和安全中前行》,《经济研究》2021 年第 3 期。

[13]高培勇:《构建新发展格局背景下的财政安全考量》,《经济纵横》2020 年第 10 期。

[14]高培勇:《加快推进直接税改革 完善地方税体系建设》,《证券时报》2018 年 6 月 5 日。

[15]高培勇:《深刻认识财政"基础和支柱说"》,《金融经济》2016 年第 3 期。

[16]高培勇:《新时代中国财税体制改革的理论逻辑》,《财政研究》2018 年第 11 期。

[17]高培勇:《新时代中国税收的主题和使命》,《税收经济研究》2020 年第 3 期。

[18]顾骁琪、陆添霖:《关于新〈个人所得税法〉的解读》,《环渤海经济瞭望》2019 年第 5 期。

[19]国家税务总局货物和劳务税司:《深化增值税改革业务操作指引》,中国税务出版社 2019 年版。

[20]国务院发展研究中心农村部课题组、叶兴庆、徐小青:《从城乡二元到城乡一体——我国城乡二元体制的突出矛盾与未来走向》,《管理世界》2014 年第 9 期。

[21]韩仁月、马海涛:《税收优惠方式与企业研发投入——基于双重差分模型的实证检验》,《中央财经大学学报》2019 年第 3 期。

[22]韩绍初:《论改革开放以来税制改革的三大成果》,《税务研究》2021 年第 6 期。

[23]胡凯:《中国财政事权和支出责任划分改革:进程评估和政策文本分析》,《经济体制改革》2021 年第 4 期。

［24］贾康:《财政学通论》,上海东方出版中心 2019 年版。

［25］贾康:《供给侧结构性改革中的房地产税改革》,《中国党政干部论坛》2018 年第 4 期。

［26］贾晓俊:《发挥两个积极性:我国央地财政关系百年变迁》,《中国社会科学报》2021 年 11 月 24 日。

［27］姜珊:《资源税法助力绿色发展迈大步》,《中华工商时报》2020 年 9 月 3 日。

［28］蒋震:《对完善现代税收制度若干问题的思考》,《地方财政研究》2021 年第 7 期。

［29］李红霞、马艳:《关于进一步深化预算管理制度改革的几点思考》,《地方财政研究》2021 年第 10 期。

［30］李慧明:《OECD 的绿色税制改革评析》,《经济与管理研究》2000 年第 5 期。

［31］李兰、魏红颜、魏占坤:《财政支出结构对区域经济协调发展的影响研究》,《会计之友》2017 年第 24 期。

［32］李森焱:《数字经济给增值税征管带来的挑战及应对思路》,《国际税收》2017 年第 7 期。

［33］李绍荣、耿莹:《中国的税收结构、经济增长与收入分配》,《经济研究》2005 年第 5 期。

［34］李顺明、杨清源、唐世芳、葛琳玲:《统筹区域经济协调均衡发展的财税对策》,《税务研究》2020 年第 3 期。

［35］李维安:《从公司治理到国家治理》,江苏人民出版社 2018 年版。

［36］李修科:《国家治理中的"国家":场域抑或主体》,《国家治理现代化研究》,中国社会科学出版社 2019 年版。

［37］李旭红、许思远:《企业所得税的发展与创新》,《中国财经报》2021 年 6 月 29 日。

［38］李焱:《财政部:一揽子明确八大类 18 项基本公共服务事项央地权责划分》,《中国财政》2018 年 5 月刊。

［39］林毅夫等：《中国的奇迹发展战略与经济改革》，上海人民出版社 2002 年版。

［40］刘德军、张靖会、樊丽群：《促进区域协调发展的财税政策研究——以山东省为例》，《财政研究》2015 年第 3 期。

［41］刘放、杨筝、杨曦：《制度环境、税收激励与企业创新投入》，《管理评论》2016 年第 2 期。

［42］刘涵玥：《我国个人所得税制度改革探析》，《发展研究》2020 年第 3 期。

［43］刘建徽、周志波：《环境税研究的效应发凡及其选择性引申》，《改革》2012 年第 3 期。

［44］刘剑文：《新〈预算法〉的理念跃迁》，《中国社会科学报》2015 年 7 月 15 日。

［45］刘金科、邓明欢、肖翊阳：《增值税留抵退税与企业投资——兼谈完善现代增值税制度》，《税务研究》2020 年第 9 期。

［46］刘昆：《努力实现财政高质量发展——深入学习习近平总书记关于提高政治判断力、政治领悟力、政治执行力的重要论述》，《中国财政》2021 年 9 月。

［47］刘昆：《深入开展党史学习教育　开创财政高质量发展新局面》，《旗帜》2021 年第 5 期。

［48］刘尚希：《2021：财政政策需贯通风险思维》，《中国经济时报》2021 年 1 月 21 日。

［49］刘尚希：《从国家治理的视角看全面深化财税体制改革》，引自《财政与国家治理理论探索》，中国财政经济出版社 2017 年版。

［50］刘尚希：《扩大开放有利于促进地方协调发展》，《经济参考报》2021 年 12 月 7 日。

［51］刘尚希：《深化财税改革　推进构建新发展格局》，《中国财政》2021 年第 6 期。

［52］刘尚希：《优化绿色低碳转型财税政策　为实现"双碳"目标提供重

要支撑》,《新能源科技》2021 年 12 月。

[53]刘尚希:《中国财政政策报告(2020)》,社会科学文献出版社 2020 年版。

[54]刘伟:《促进生态文明建设的财税政策》,《行政管理改革》2018 年第 1 期。

[55]刘晓光、张勋、方文全:《基础设施的城乡收入分配效应:基于劳动力转移的视角》,《世界经济》2015 年第 3 期。

[56]柳光强:《税收优惠、财政补贴政策的激励效应分析——基于信息不对称理论视角的实证研究》,《管理世界》2016 年第 10 期。

[57]楼继伟:《认真贯彻新预算法依法加强预算管理》,《中国财政》2015 年第 1 期。

[58]吕冰洋:《现代财政制度的构建:一个公共秩序的分析框架》,《管理世界》2021 年第 10 期。

[59]马蔡琛、苗珊:《中国政府预算改革四十年回顾与前瞻——从"国家预算"到"预算国家"的探索》,《经济纵横》2018 年第 6 期。

[60]马蔡琛、赵笛:《中国预算管理改革的回顾与展望——"十三五"改革评估与"十四五"发展路径》,《求索》2021 年第 2 期。

[61]马蔡琛:《现代预算制度的演化特征与路径选择》,《中国人民大学学报》2014 年第 28 期。

[62]马海涛、汪昊:《财政对收入分配的影响与改革建议》,《中国税务》2017 年第 4 期。

[63]马海涛、王斐然:《关于"十四五"时期我国税制结构的思考》,《财经问题研究》2021 年第 11 期。

[64]任晓红、张宗益:《交通基础设施、要素流动与城乡收入差距》,《管理评论》2013 年第 2 期。

[65]孙文平、朱为群、曾军平:《现代国家治理理论研究综述》,《地方财政研究》2015 年第 7 期。

[66]孙玉栋:《税收竞争、税收负担与经济发展的关系及政策选择》,《中

央财经大学学报》2007 年第 5 期。

[67]童锦治、刘诗源、林志帆:《财政补贴、生命周期和企业研发创新》,《财政研究》2018 年第 4 期。

[68]王军:《2017 年度企业所得税重点政策解读》,《注册税务师》2018 年第 2 期。

[69]王军:《2020 年出台的企业所得税政策解读》,《交通财会》2020 年第 6 期。

[70]王秀芝:《从预算管理流程看我国政府预算管理改革》,《财贸经济》2015 年第 12 期。

[71]王彦超、李玲、王彪华:《税收优惠与财政补贴能有效促进企业创新吗?——基于所有制与行业特征差异的实证研究》,《税务研究》2019 年第 6 期。

[72]王泽彩:《预算绩效管理:新时代全面实施绩效管理的实现路径》,《中国行政管理》2018 年第 4 期。

[73]吴慈生、徐静、赵旭阳:《资本要素协同效应与经济发展》,经济科学出版社 2020 年版。

[74]吴非、杜金岷、杨贤宏:《财政 R&D 补贴、地方政府行为与企业创新》,《国际金融研究》2018 年第 5 期。

[75]吴家声:《财政学》,台湾三民书店印行 1987 年版。

[76]吴怡俐、吕长江、倪晨凯:《增值税的税收中性、企业投资和企业价值——基于"留抵退税"改革的研究》,《管理世界》2021 年第 8 期。

[77]习近平:《深入理解新发展理念》,《求是》2019 年第 10 期。

[78]肖长富、李敬、吴大兵:《中国特色社会主义制度是中国发展进步的根本制度保障》,《光明日报》2012 年 12 月 22 日。

[79]闫坤、蒋震:《实施战略性减税降费的主要着力点及政策建议》,《税务研究》2019 年 7 月。

[80]燕继荣:《国家治理及其改革》,北京大学出版社 2015 年版。

[81]杨开峰、邢小宇、刘卿斐、魏夏楠:《我国治理研究的反思(2007—

2018）：概念、理论与方法》，《行政论坛》2021 年第 1 期。

　　［82］杨志勇：《我国预算管理制度的演进轨迹：1979—2014 年》，《改革》2014 年第 10 期。

　　［83］姚宇华：《教育改革中的社会缺位和再定位审思：社会参与的视角》，《广州大学学报（社会科学版）》2016 年第 12 期。

　　［84］于树一、杨远旭：《交通运输领域中央与地方财政事权与支出责任划分研究》，《财政监督》2018 年第 23 期。

　　［85］于杨、孙婉然、倪志良：《十八大以来预算制度改革回顾与展望》，《财政监督》2017 年第 1 期。

　　［86］余蔚平：《积极发挥财政职能作用　促进创新驱动发展》，《行政管理改革》2016 年 2 月。

　　［87］俞可平：《论国家治理现代化》，社会科学文献出版社 2015 年版。

　　［88］岳树民：《中国税制优化的理论分析》，中国人民大学出版社 2003 年版。

　　［89］岳希明等：《中国税制的收入分配效应测度》，《中国社会科学》2014 年第 6 期。

　　［90］岳志强等：《财政学》，中国财富出版社 2016 年版。

　　［91］张国梁：《从化妆品消费税调整谈我国消费税制的完善》，《合作经济与科技》2017 年第 1 期。

　　［92］张又文、洪海林：《新〈预算法实施条例〉对地方财政透明度的影响》，《财会月刊》2021 年第 15 期。

　　［93］张泽平：《全球治理背景下国际税收秩序的挑战与变革》，《中国法学》2017 年第 3 期。

　　［94］赵红军：《小农经济、惯性治理与中国经济的长期变迁》，格致出版社 2010 年版。

　　［95］赵霆：《我国成品油消费税征管的问题与对策研究》，山东师范大学硕士学位论文，2014 年。

　　［96］周雪光：《中国国家治理的制度逻辑》，生活・读书・新知三联书店

2017 年版。

［97］朱青:《论"新发展格局"下的财税改革》,《财贸经济》2021 年第 5 期。

［98］Agrawal, Ajay K., Rosell C., Simcoe, T., "Tax Credits and Small Firm R&D Spending", *American Economic Journal: Economic Policy*, Vol. 12, No. 2, 2020.

［99］Atkinson, A. B., Stiglitz, J. E., "The Design of Tax Structure: Direct Versus Indirect Taxation", *Journal of Public Economics*, Vol.6, No.1−2, 1976.

［100］Belitski M., et al., "Taxes, Corruption and Entry", *Small Business Economics*, Vol.47, No.1, 2016.

［101］Bloom, N., Griffith, R., Reenen, J. V., "Do R&D Tax Credits Work? Evidence from a Panel of Countries 1979−1997", *Journal of Public Economics*, Vol.85, No.1, 2008.

［102］Bourreau, M., Caillaud, B., Nijs, R.D., "Taxation of a Digital Monopoly Platform", *Public Economic Theory*, Vol.20, No.1, 2018.

［103］Bovenberg, A.L., Mooij, R.D., *Environmental Levies And Distortionary Taxation*, School of Economics and Management, 1994.

［104］Bovenberg, A.L., "Green Tax Reforms and the Double Dividend: an Updated Reader's Guide", *International Tax & Public Finance*, Vol.6, No.3, 1999.

［105］Bucovetsky, S., "Tax Competition with Two Tax Instruments", *Regional Science and Urban Economics*, Vol.21, No.3, 1991.

［106］Bucovetsky, S., Wilson, J.D., "Tax Competition with Two Tax Instruments", *Regional Science and Urban Economics*, Vol.21, No.3, 1991.

［107］Genschel, Philipp, "Globalization, Tax Competition, and the Fiscal Viability of the Welfare State", *MPIfG Working Paper*, Max Planck Institute for the Study of Societies, 2001.

［108］Goulder, L.H., "Environmental Taxation And the Double Dividend: A Reader's Guide", *International Tax & Public Finance*, Vol.2, No.2, 1995.

[109] Gropp R., Kostial K, 2001, "FDI and Corporate Tax Revenue: Tax Harmonization or Competition?", *IMF Finance and Development*, Vol.38, No.2, 2001.

[110] Guceri, I., Liu L., "Effectiveness of Fiscal Incentives for R&D: Quasi-experimental Evidence", *American Economic Journal: Economic Policy*, Vol.11, No.1, 2019.

[111] Hongdao Q., et al, "Corruption Prevention and Economic Growth: a Mediating Effect of Rule of Law", *International Journal of Social Science Studies*, Vol.6, No.2, 2018.

[112] Hoopes, J. L., Thornock, J. R., Williams, B., "Does Use Tax Evasion Provide a Competitive Advantage for E-tailers?", *National Tax Journal*, Vol.69, No.1, 2016.

[113] Janeba, E., Peters, W., 1999, "Tax Evasion, Tax Competition and the Gains from Nondiscrimination: The Case of Interest Taxation in Europe", *The Economic Journal*, Vol.109, No.452, 1999.

[114] Kim, K., Lambert, P.J., "Redistributive Effect of U.S.Taxes and Public Transfers, 1994-2004", *Public Finance Review*, Vol.37, No.1, 2009.

[115] Metcalf, G. E. "A Distributional Analysis of Green Tax Reforms". *National Tax Association*, Vol.52, No.4, 1999.

[116] Pearce, D., "The Role of Carbon Taxes in Adjusting to Global Warming", *The Economic Journal*, Vol.101, No.407, 1991.

[117] Rusu, V.D., Toderascu, C., "The Impact of Taxation on Firm's Performance: Empirical Evidence on the Case of Cee Countries", *Annals of Faculty of Economics*, Vol.1, No.1, 2016.

[118] Shagbazian, G., Andrey, A., "Entrepreneurial Activity and Institutions: the Impact of Rule of Law and Control of Corruption", *SSRN Working Paper*, 2017.

[119] Summers, Lawrence H., *Tax Policy and the Economy*, The MIT Press, 1990.

[120] Terkla, D., "The Efficiency Value of Effluent Tax Revenues", *Journal*

*of Environmental Economics and Management*, Vol.11, No.2, 1984.

[121] Tiebout, C.M., "A Pure Theory of Local Expenditures", *Journal of Political Economy*, Vol.64, No.5, 1956.

[122] Tullock, "Gordon. Excess Benefit", *Water Resources Research*, Vol.3, No.2, 1967.

责任编辑:孟　雪
封面设计:吴燕妮
责任校对:张杰利

**图书在版编目(CIP)数据**

新时代中国财税体制改革与展望/马海涛 等著. —北京:人民出版社,2022.9
ISBN 978－7－01－024974－2

I.①新… II.①马… III.①财税-经济体制改革-研究-中国 IV.①F812.2

中国版本图书馆 CIP 数据核字(2022)第 141938 号

### 新时代中国财税体制改革与展望
XINSHIDAI ZHONGGUO CAISHUI TIZHI GAIGE YU ZHANWANG

马海涛 等 著

**人民出版社** 出版发行
(100706 北京市东城区隆福寺街 99 号)

北京盛通印刷股份有限公司印刷　新华书店经销

2022 年 9 月第 1 版　2022 年 9 月北京第 1 次印刷
开本:710 毫米×1000 毫米 1/16　印张:12.25
字数:181 千字

ISBN 978－7－01－024974－2　定价:55.00 元

邮购地址 100706　北京市东城区隆福寺街 99 号
人民东方图书销售中心　电话 (010)65250042　65289539